Margot Hellmiß / Dr. med. Norbert Kriegisch

Schlank und fit durch gesundes Fasten

Den Körper reinigen und Krankheiten vorbeugen

Mit 10-Tage-Programm – problemlos für zu Hause und im Beruf

Südwest

Inhalt

Ein regelmäßiger Fastentag pro Woche hilft Krankheiten vorbeugen.

Eine Saftkur ist eine gesunde und schmackhafte Möglichkeit des Fastens.

Kräutertee ist ein wichtiger Bestandteil der meisten Fastenkuren.

Vollkornprodukte sollten nach dem Fasten auf dem Speisenplan stehen.

Frisches Obst ist für die Aufbautage geeignet.

Vorwort

Aus Überfluß erwächst leicht Überdruß. Das Fasten kann uns den Wert der kleinen Dinge wieder erfahrbar machen.

Wir haben uns mittlerweile daran gewöhnt, daß wir mit einer reichhaltigen Palette von Nahrungsmitteln versorgt werden. Diese Vielfalt ist schön; sie bereichert unser Leben. Aber sie birgt auch die Gefahr, daß Körper und Seele langsam abstumpfen, daß sich ein Verlangen nach immer mehr einstellt. Wir haben uns angewöhnt, aus dem Zusätzlichen, dem Mehr unsere Befriedigung zu ziehen, und dabei gerät leicht in Vergessenheit, daß auch das Zurückgenommene, das Weniger segenbringende Wirkung haben kann. Jeder, der einmal gefastet hat, weiß, wie aufregend der Geschmack eines einfachen Apfels sein kann. Das Gefühl der Dankbarkeit gegenüber den alltäglichen Annehmlichkeiten, dieses neue Erleben, das sich nach dem Fasten einstellt, hat schon so manchem streß- und konsumgeplagten Menschen ein Gefühl der Zufriedenheit verschafft, das er trotz des Wohlstands, in dem er lebte, nicht mehr kannte.

Einige gute Gründe fürs Fasten

Doch viele werden sich aus anderen Gründen für das Fasten interessieren. Sie fasten beispielsweise, weil sie auf die Art ihr Gewicht verringern oder ihr Idealgewicht halten wollen. Aber die Gewichtsreduzierung steht beim Fasten immer nur an zweiter Stelle. Sie ist sozusagen eine angenehme Begleiterscheinung. In allererster Linie befreit Fasten den Körper von krankmachenden Schlacken, es entgiftet, es verjüngt das Gewebe und stellt eine Art Hausputz für das gesamte Innenleben des Menschen dar, und zwar sowohl des körperlichen wie des seelischen Innenlebens. Unser seelisches Erleben ist nämlich mehr von unseren Ernährungsgewohnheiten abhängig, als wir oftmals ahnen. Schon ein überreichliches, spätes

Abendessen kann am nächsten Morgen beträchtliche Verstimmungen hervorrufen. Die Speisen werden über Nacht nicht richtig verdaut. Sie erzeugen im Darm eine Reihe von Gärungsgiften, die auch unsere Laune mitvergiften können. In so einem Fall reicht es schon aus, wenn man das Abendessen vorverlegt und auf leichtere Speisen umstellt, damit man den folgenden Tag besser gelaunt und ohne Beschwerden genießen kann. Wesentlich mehr bewirkt aber eine mehrtägige Fastenkur – für Stimmung und Körper.

Fasten beschert Glücksgefühle. Gleichzeitig mit dem Körper wird auch der Geist von ungesundem Ballast befreit.

Verschiedene Methoden zur Auswahl

Die genauen Anleitungen für ein 10-Tage-Programm mit vielen Extratips und Hilfestellungen finden Sie in diesem Ratgeber. Auch für einen Fastentag in der Woche oder im Monat stellen wir die jeweiligen Programme vor. Sie haben die Wahl zwischen verschiedenen Fastenmethoden, wie beispielsweise Rohsäftefasten, Tee-Saft-Fasten nach Buchinger, Schleimfasten oder Molkefasten.

Egal ob Sie nur einen Fastentag durchgeführt oder ein ganzes Fastenprogramm absolviert haben, Sie werden staunen, wie gut Sie sich hinterher fühlen.

Obst- oder Gemüsesäfte sind wesentlicher Bestandteil vieler Fastenkuren.

Fasten ist ein selbstverständlicher Bestandteil unseres Lebens. Tagsüber nehmen wir Nahrung auf, und nachts fasten wir. Unser Körper braucht dieses natürliche Fasten, damit ein Großteil des Stoffwechsels in Ruhe ablaufen kann.

Was Sie über das Fasten wissen sollten

Fasten ist nicht hungern

Fasten ist keineswegs, wie manche Menschen meinen, gleichzusetzen mit hungern. Wer hungert, möchte unbedingt etwas essen, doch es steht ihm keine Nahrung zur Verfügung. Am Ende dieser unfreiwilligen Zwangslage steht für die meisten Menschen, die hungern müssen, das Schreckgespenst des Verhungerns.

Fasten ist – im Unterschied zu hungern – der freiwillige und befristete Verzicht auf Nahrung. Die Zeitspanne des Fastens kann man normalerweise bewältigen, ohne schrecklichen Hunger zu verspüren.

Fasten heißt auch nicht, daß man überhaupt nichts zu sich nehmen darf. Im Gegenteil, während einer Fastenkur muß man viel trinken (Kräutertee, Mineralwasser, verdünnte Obst- und Gemüsesäfte), um den Körper mit Vitaminen und Mineralstoffen zu versorgen und um die Ausscheidung von Giftstoffen über die Nieren voranzutreiben. Eine Fastenkur ist daher immer auch eine Trinkkur.

Beim Fasten verzichtet man in erster Linie nur auf feste Nahrung. Aber auch von dieser Regel gibt es Ausnahmen. Beispielsweise darf man bei einer F.-X.-Mayr-Kur oder einer Schroth-Kur altbackene Semmeln essen.

Fasten und Leistungskraft

Wenn ein Mensch fastet, dann gewinnt der Körper die nötige Energie aus Kraftreserven. Jeder gesunde Mensch verfügt über ausreichende Reserven, die ihn auch nach längerem Fasten noch bei Kräften halten.
Vor allem die Fettzellen sind solche Reservespeicher, und so zeigt die Gewichtsabnahme beim Fasten an, wieviel der meist überflüssigen Reservemasse verbraucht und in Energie umgewandelt wurde.

Hinzu kommt, daß der Körper während des Fastens kaum Energie für die Verdauungsarbeit aufbringen muß und so gesehen über zusätzliche Energiekapazitäten verfügt. Wieviel Energie die Verdauungsarbeit normalerweise kostet, erfährt jeder Mensch bei einem schweren, müdemachenden Mahl. Man weiß: Ein voller Bauch studiert nicht gern, und kein Sportler vollbringt Höchstleistungen nach einem üppigen Drei-Gänge-Menü.

Beim Fasten werden im Körper gespeicherte Kraftreserven in Energie umgewandelt. Diesen Prozeß nennt man Ernährung von innen.

Der schwedische Fastenmarsch

Berühmt wurde der sogenannte Fastenmarsch, den elf Mitglieder der Schwedischen Vegetarischen Gesellschaft am 1. August 1954 begannen. Sie marschierten 520 Kilometer weit von Göteborg nach Stockholm, wo sie am 10. August eintrafen. Sie legten also täglich gut 50 Kilometer zurück, oft bei strömendem Regen.
Sie verzichteten auf jegliche feste Nahrung und nahmen am Tag nur etwa drei Liter Wasser und etwas Fruchtsaft zu sich. Jeder der Männer verlor in dieser Zeit zwischen acht und zehn Kilogramm Gewicht. Aber als die Wanderer in Stockholm eintrafen, waren sie gut gelaunt und immer noch erstaunlich leistungsfähig. Alle Teilnehmer des Fastenmarsches wurden anschließend in einem Stockholmer Krankenhaus

Während des Fastens sollten Sie sich möglichst viel bewegen, um den Kreislauf in Schwung zu halten.

gründlich untersucht, und die Ärzte konnten allen eine gute Gesundheit bescheinigen.
Man muß sich während des Fastens nicht übermäßig schonen. Wer fastet, kann im allgemeinen seiner üblichen Tätigkeit nachgehen (Ausnahme ist jedoch Schwerstarbeit), sollte sogar noch mehr Bewegung als sonst haben. Allerdings hat sich gezeigt, daß Fastende manchmal vorübergehende Konzentrationsstörungen oder Kreislaufschwächen zeigen.
Solche an sich harmlosen Erscheinungen könnten bei verschiedenen Berufen Probleme aufwerfen. Menschen, die sich stark konzentrieren bzw. viel Auto fahren müssen, sollten daher lieber nicht fasten.

Fasten im Überblick

Hier nun einige Punkte, die Ihnen zeigen sollen, was eine Fastenkur für Sie bedeutet und was nicht.

Das erwartet Sie beim Fasten

- Verzicht auf feste Nahrung
- Ernährung von innen, aus körpereigenen Kraftreserven
- Viel trinken. Tee, Obst- und Gemüsesäfte, Gemüsebrühe und Wasser
- Verzicht auf Genußgifte, d.h., auf Alkohol und Nikotin, Schwarztee und Kaffee
- Ein seelisches Hoch. Es entsteht aus einem Gefühl der Leichtigkeit heraus und ist unter anderem auf die schmelzenden Pfunde und den Stolz auf die eigene Leistung zurückzuführen
- Förderung der Ausscheidungen: über den Darm (durch Bittersalz), über die Nieren (durch Trinken), über die Haut (durch Bewegung und Schwitzen); eventuell unterstützt durch homöopathische Medikamente

- Zu sich finden, durch eine verfeinerte Wahrnehmung des körperlichen und seelischen Befindens
- Möglichst viel Bewegung.

Das erwartet Sie beim Fasten nicht

- Hunger. Normalerweise hören mit dem 2. oder 3. Fastentag anfängliche, leichte Hungergefühle auf. Danach hat sich der Organismus auf das Fasten umgestellt. Wobei Hunger nicht zu verwechseln ist mit Appetit auf bestimmte Leckerbissen.
- Schlechte Laune. Erstaunlicherweise sind Fastende meistens, mit Ausnahme an seltenen Krisentagen, in gehobener, euphorischer Stimmung.
- Ein Leistungstief infolge geringer Kalorienzufuhr tritt bei gemäßigtem Fasten nicht auf. Im Gegenteil. Man kann klar denken und ist oft leistungsfähiger als zuvor.

Wer sollte fasten?

Eine Fastenzeit ist für jeden gesunden Menschen von Nutzen. Besonders anzuraten ist Fasten aber bei allen Erscheinungen, die auf überreichlicher Ernährung beruhen (wenn also mehr Nahrung aufgenommen als Energie verbraucht wurde), das sind z. B.:

- Gelenkprobleme, rheumatische Erkrankungen
- Erhöhte Cholesterin-, Leber- oder Harnsäurewerte (Gicht)
- Erhöhte Blutdruckwerte
- Magenverstimmungen, Sodbrennen
- Übersäuerung
- Kurzatmigkeit, Überdrußgefühle, Übergewicht
- Mundgeruch
- Probleme mit Haaren oder Nägeln
- Unreine Haut

Durch die Entschlackung und Entgiftung des Körpers hat das Fasten heilende Wirkung. Es beugt Krankheiten vor und erhöht die Lebenserwartung.

Symptome wie aufgedunsene Haut, Abgespanntheit oder Übellaunigkeit sind häufig Anzeichen von falscher oder zu reichlicher Ernährung.

- Aufgedunsene Haut, schwammige Schenkel, schlaffe Brüste
- Verdauungsbeschwerden
- Schweißausbrüche
- Übellaunigkeit, Gereiztheit, Aggressivität und Neigung zum »Herumgiften«.

Außerdem sollte fasten, wer unter Konsumzwängen leidet, wer Suchtprobleme hat (außer bei Magersucht und im Fall einer schweren Entziehungskur), wer vergeßlich und unkonzentriert ist und wessen Libido zu wünschen übrig läßt, wer die kleinen Freuden des Alltags nicht mehr zu schätzen weiß, oder wem es um vertiefte religiöse und menschliche Erfahrungen geht.

Das bewirkt Fasten

- Es erhöht die Lebenserwartung.
- Es verbessert die geistigen Fähigkeiten.
- Es verjüngt den Körper.
- Es heilt viele Beschwerden.
- Es beschleunigt die Zellneubildung.
- Es verbessert die Verwertung der Nährstoffe im Körper.
- Es stimuliert den Drüsenstoffwechsel und die Hormonsekretion.
- Es erhöht die Leistungskraft.
- Es verjüngt das Gewebe und strafft die Haut.
- Es führt zur Ausscheidung von Stoffwechselabfällen und Giften.
- Es kurbelt die Heilkräfte des Körpers an.
- Es entlastet Herz und Kreislauf.
- Es führt zu einer Normalisierung von Blutdruck, Blutfettgehalt, Blutzucker und Harnsäure.
- Es beseitigt Schlackenablagerungen vor allem in den Arterien, in den Gelenken, im Bindegewebe, in Leber und Galle sowie im Darm.
- Es führt zu einer Gewichtsabnahme.
- Es beugt Krankheiten vor.
- Es stärkt die körpereigenen Abwehrkräfte und regt die Bildung von Immunzellen an.

Kleine Geschichte des Fastens

Theophrastus Bombastus von Hohenheim (1493–1541), besser bekannt als Paracelsus.

Fasten als ärztliche Therapie

Fasten, zur Behandlung von Krankheiten oder vorbeugend zur Gesunderhaltung des Körpers, ist wahrscheinlich so alt wie die Menschheit. Schon bei den Germanen gab es regelmäßig Tage, an denen auf das Essen verzichtetet wurde. Und laut Herodot, einem griechischen Geschichtsschreiber aus dem 5. Jahrhundert v. Chr., fasteten die alten Ägypter einmal im Monat, weil sie erkannt hatten, daß zuviel Nahrung schädlich ist.
Auch die berühmten Ärzte Hippokrates (460–375 v. Chr.) und Paracelsus (1493–1541) verordneten Fasten bei allen möglichen Leiden. Bekannt ist auch, daß die Spartaner immer wieder Fastenzeiten einhielten und ihre Körper von Jugend an hart trainierten, um besonders leistungsfähig zu sein.

Fastenzeiten sind so alt wie die Menschheit. Bei allen Naturvölkern und in allen Religionen dient Fasten der Gesunderhaltung von Körper und Geist.

Fasten und Naturheilverfahren

Bis zum Ende des 18. Jahrhunderts war Fasten ein allseits beliebtes ärztliches Therapeutikum. Nach Aufzeichnungen des neapolitanischen Arztes Alfons Ferrus, der im 18. Jahrhundert praktizierte, fiel phlegmatischen – trägen – Menschen das Fasten am leichtesten, Choleriker – reizbare, jähzornige Menschen – hingegen taten sich sehr viel schwerer damit. Um 1840 machte der schwedische Professor Osbeck seine »Unterernährungskur« zur Heilung von Krankheiten populär. Er erhielt dafür sogar Auszeichnungen von der schwedischen Regierung.

Im 19. Jahrhundert, dem Zeitalter der industriellen Revolution, rückten dann auf einmal Technik und Maschinen immer mehr in den Vordergrund, und Fasten sowie viele andere Naturheilverfahren gerieten bei den meisten Ärzten in Vergessenheit. Neue, chemisch hergestellte Medikamente und moderne Apparate ließen das Fasten als Therapie plötzlich altmodisch erscheinen.

Die Wegbereiter des modernen Heilfastens

Morgenfasten nach Dr. Dewey: Das Frühstück besteht nur aus einem Glas verdünntem Obstsaft sowie einer Tasse Kaffee oder Tee. Dafür kann das Mittagessen als erste Mahlzeit des Tages um eine Stunde vorverlegt werden.

Erst die amerikanischen Ärzte Dr. Tanner und Dr. Edward Hooker Dewey (1840–1904) machten in ihrer Heimat das Fasten in der zweiten Hälfte des 19. Jahrhunderts wieder populär. Sie gelten als Wegbereiter moderner Fastenmethoden. Dr. Dewey aus Meadville/Pennsylvania suchte nach alternativen Behandlungsmethoden, die den ganzen Menschen in den Mittelpunkt stellten und nicht nur an isolierten Symptomen (Krankheitsanzeichen) herumkurierten. Dabei stieß er auf althergebrachte Fastenkuren, mit denen er bei den verschiedensten Beschwerden beste Behandlungsergebnisse erzielte. Er empfahl besonders das Morgenfasten bei leichtem Übergewicht und Stoffwechselstörungen.
Im deutschsprachigen Raum gibt es ärztlich überwachte Fastenbehandlungen seit der ersten Hälfte des 20. Jahrhunderts. Hier sind vor allem Dr. F. X. Mayr (1875–1965) und Dr. O. Buchinger (1878–1966) zu nennen. Sie waren mit die ersten, die die Wirkung des Heilfastens wissenschaftlich untersuchten und dem Fasten als Methode der Ganzheitsmedizin unter ärztlichen Kollegen Anerkennung verschafften.

Das Werk Dr. Otto Buchingers

Dr. Otto Buchinger sen. gilt zu Recht als Pionier auf dem Gebiet des medizinischen Fastens. Er schuf eine der bewährtesten Fastenmethoden: das Tee-Saft-Fasten.

1935 veröffentlichte er sein Buch »Heilfasten und seine Hilfsmethoden«, in dem er die Grundzüge der Fastentherapie vor allem seinen ärztlichen Kollegen zugänglich machte. Zudem entwickelte er Richtlinien für Gesunde und »Noch-Gesunde«, die selbständig zu Hause fasten wollten.
Auf die Idee, verschiedene Krankheiten durch den Entzug von Nahrung zu kurieren, kam er durch eine eigene schwere Erkrankung.

Der Fall Buchinger

Eine Entzündung der Mandeln, die immer wiederkehrte, zog schließlich den ganzen Körper in Mitleidenschaft, den Darm, die Leber, die Galle und auch die Gelenke. Die damalige Medizin versagte in diesem Fall.
Buchingers Zustand verschlechterte sich zusehends und wurde schließlich sogar lebensbedrohlich. Zum Schluß konnte er seinen Dienst als Generalarzt der Marine nicht mehr ausüben und wurde 1918, gerade erst 40jährig, als Vollinvalide entlassen.

Zum überzeugten Verfechter des Heilfastens wurde Dr. Otto Buchinger aufgrund eigener Erfahrungen: Durch Fasten hatte er seine eigene schwierige Krankheit überwunden.

Besinnung auf altbewährte Behandlungsmethoden

In dieser schweren Zeit hielt er mit letzter Kraft in medizinischen Fachbüchern nach neuen Heilungsmöglichkeiten Ausschau. So stieß er auf den Bericht eines amerikanischen Arztes, der 40 Jahre zuvor einen Fall behandelt hatte, der ähnlich aussichtslos war.

Die Patientin war ein junges Mädchen, die ebenfalls an einer Infektion litt, die sich auf den ganzen Körper ausgebreitet hatte. Der Zustand der Patientin besserte sich schließlich, als der behandelnde Arzt ihr nur noch Wasser zu trinken gab. Sie bekam sonst keinerlei Nahrung und auch keine Medikamente. Nach etwa einem Monat erholte sie sich, und nach einiger Zeit war das schwerkranke Mädchen, das die anderen Ärzte schon aufgegeben hatten, schließlich geheilt.

Wer einmal die segensreichen Wirkungen des Fastens am eigenen Leib erlebt hat, der wird immer wieder Fastenkuren durchführen.

Deutlicher Heilerfolg

Buchinger unterzog sich sogleich einer dreiwöchigen Fastenkur bei Dr. Gustav Riedlin in Freiburg. Danach verbesserte sich sein Zustand erheblich, und er konnte schon bald wieder arbeiten. Nach weiteren Fastenkuren war er zuletzt vollständig geheilt.

Nach diesem Erlebnis riet er auch seinen Patienten immer häufiger zu Fastenkuren und betrieb ab 1920 eine eigene Fastenklinik in Bad Pyrmont in Niedersachsen.

In Indien gibt es auch heute noch viele strenggläubige Menschen, die das religiöse Fasten oft wochenlang praktizieren. Sie verzichten auf die Nahrungsaufnahme, damit sie besser meditieren und sich intensiver auf ihren Glauben konzentrieren können.

Religiöses Fasten

Fasten ist von alters her ein wichtiges Gebot aller großen Religionen. Da Fasten ein Akt des Willens ist, wird es als Sieg des Geistes über den Leib angesehen. Wer fastet, überwindet körperliche Bedürfnisse und das Streben nach weltlichen Genüssen, was ja erklärtes Ziel vieler Glaubensrichtungen ist.

Hinzu kommt, daß in den meisten Religionen dem mystischen Erleben an Tagen innerer Einkehr große Bedeutung beigemessen wird. Gläubige, die sich eine Zeitlang verstärkt meditativen Übungen oder ähnlichen Bemühungen hingeben, verbinden dies bevorzugt mit einer Fastenzeit, die dem Körper und vor allem der Seele zusätzlich Läuterung und Reinigung verschaffen soll. Erfahrungsberichten zufolge können sich auf diese Weise seelische Hochgefühle und vertiefte geistige Erfahrungen einstellen, die ohne Fasten unerreicht bleiben.

Alle großen Religionen kennen das Fasten als Weg zu spiritueller Erfahrung und innerer Einkehr.

Fastenbräuche im Islam

Der Prophet des islamischen Glaubens, Mohammed (arab. »der Gepriesene«; 570–632), predigte: »Beten führt uns auf halbem Weg zu Gott, Fasten bringt uns an die Tür des Himmels.« Heute noch nehmen fromme Mohammedaner im Fastenmonat Ramadan im Frühjahr zwischen Morgengrauen und Sonnenuntergang weder Speise noch Trank zu sich. Auch Rauchen ist verboten.

Nach dem Koran, dem Heiligen Buch der Mohammedaner, sollte jeder Gläubige mindestens einmal im Leben nach Mekka, dem Geburtsort des Propheten, pilgern. Für die Reise ist neben anderen Verhaltensvorgaben auch das Fasten vorgeschrieben. So dürfen die Pilger auf der Hinreise drei Tage und auf der Rückreise sieben Tage keine Nahrung zu sich nehmen.

Askese im Hinduismus und Buddhismus

Gautama Buddha (560–480 v. Chr.): »Wenn all mein Fleisch hinschwindet, immer heller die Seele wird, immer fester des Geistes Wachheit und Weisheit und Versenkung steht.« Auf der Suche nach geistiger Erkenntnis soll der Begründer des Buddhismus sich selbst sechs Jahre nur von Gräsern und Samen ernährt haben.

In den Veden, den religiösen Schriften der Hinduisten, deren älteste schon vor vielen Jahrtausenden entstanden sind, steht geschrieben, daß indische Asketen ihre Nahrung so aufnehmen sollen, als ob sie ein Heilmittel äßen. Und Gautama Buddha (560–480 v.Chr.), auf den der Buddhismus zurückgeht, hat der Überlieferung zufolge bei seiner Suche nach der Wahrheit des Lebens sechs Jahre lang nur von Gräsern und Samen gelebt.

Die Bedeutung des Fastens im Christentum

Im Alten und Neuen Testament der Bibel ist häufig vom reinigenden Fasten die Rede. Moses, der Prophet des Alten Testaments, fastete 40 Tage lang auf dem Berg Horeb. Auch Jesus ging 40 Tage in die Wüste, um zu fasten. Und vom Kirchenlehrer Johannes Chrysostomos sind folgende Worte überliefert: »Das Fasten ist die Nahrung der Seele, es zügelt die Unmäßigkeit der Sprache und schließt die Lippen, es zähmt die Wollust und besänftigt das cholerische Temperament. Es weckt das Urteil, macht den Körper geschmeidig, verjagt nächtliche Träumereien, heilt Kopfschmerzen und stärkt die Augen.«

Fastentage hatten früher ihren festen Platz im christlichen Kirchenjahr. Es gab das Fasten vor Ostern als Akt der Demut und Buße zur Vorbereitung auf das Osterfest sowie das allwöchentliche Freitagfasten. Wobei man sich an diesen Fastentagen nicht jeglicher Nahrung enthalten mußte. Nur auf bestimmte Speisen wie Fleisch oder alkoholische Getränke mußte verzichtet werden (Abstinenzgebot).

Heute gibt es in der katholischen Kirche nur noch zwei Fastentage in der vorösterlichen Zeit: den Aschermittwoch und den Karfreitag. An diesen Tagen sollten alle gesunden Ka-

Fasten – das Wort

Das Wort »Fasten« kommt von dem mittelhochdeutschen Wort »vaste« für »fest«. Denn wer fastet, muß an den Fastengeboten »festhalten«.

Von Fasten abgeleitet ist das Wort »Fastnacht« (mhd. vastnaht); damit ist die Nacht vor der Fastenzeit gemeint, die mit dem Aschermittwoch beginnt.

tholiken, die zwischen 21 und 60 Jahre alt sind, fasten. An jedem Fastentag dürfen allerdings eine Hauptmahlzeit und zwei kleine Imbisse (jeweils ohne Fleisch) eingenommen werden. Die evangelische Kirche kennt hingegen keine speziellen Fastentage.

Fasten bei Naturvölkern

Wie gesund es ist, sich vollwertig zu ernähren und zeitweise auf Nahrung zu verzichten, konnte Dr. Bircher am Beispiel der Hunzas nachweisen.

Der Arzt Dr. Ralph Bircher berichtete in einem seiner Bücher von den Hunzas, einem etwa 10000 Menschen zählenden Naturvolk, das in einem unzugänglichen Hochtal im nordwestlichen Himalaja vollkommen abgeschlossen von der Außenwelt lebte.
Wie viele Naturvölker kannten die Hunzas früher noch keine weitsichtige Vorratshaltung, auch waren die Äcker nicht ertragreich genug, um den Volksstamm das ganze Jahr über zu versorgen. Deshalb mußten die Hunzas in jedem Frühjahr zwangsweise eine längere Nahrungspause einlegen, bis im Frühsommer die erste Gerste geerntet werden konnte. Manchmal dauerte diese Fastenzeit zwei Monate lang. Die Hunzas wurden in dieser Zeit jedoch nicht schwach oder krank, wie man vielleicht meinen könnte, sondern sie arbeiteten wie üblich hart in dem rauhen Klima. Ärzte brauchten sie normalerweise keine, ebensowenig eine Polizei, da ihr Zusammenleben friedlich und in festen Bahnen verlief.

Folgen der Zivilisation

Mit der Erschließung des Hochtals mußten die Hunzas im Frühjahr nicht mehr gezwungenermaßen fasten. Sie konnten nun Weißmehl, Zucker und Konserven einlagern und hatten das ganze Jahr über reichlich zu essen. Mit diesen Errungenschaften der modernen Zivilisation begann sich der Gesundheitszustand der Eingeborenen rapide zu verschlechtern. Sie litten plötzlich an Karies, Diabetes, Übergewicht, Verdauungsstörungen, Magen- und Gallenleiden – Krankheiten also, die auf eine minderwertige Ernährung zurückzuführen sind. In dem Maß, in dem Krankheiten von ihnen Besitz ergriffen, stellten sich auch unsoziale Verhaltensweisen ein, die von beruflichen Ordnungshütern geschlichtet werden mußten. Plötzlich brauchten die Hunzas in dem nun nicht mehr einsamen Tal einen Arzt und auch eine Polizei.

Ein weiteres Ergebnis der Studien Dr. Birchers: Die Ernährung beeinflußt in erheblichem Maß das Sozialverhalten.

Fasten im Tierreich?

Streng genommen kann man nicht sagen, daß Tiere fasten. Denn Fasten beinhaltet immer den freiwilligen Entschluß, eine Zeitlang auf feste Nahrung zu verzichten. Es gibt jedoch für viele Tiere Perioden, in denen sie aus unterschiedlichen Gründen ohne Nahrung auskommen.

Tiere verzichten instinktiv auf Nahrung, wenn sie krank sind. Der Körper kann dann alle seine Kräfte zur Bekämpfung der Krankheit verwenden, und es wird keine Energie für die Verdauungsarbeit vergeudet.

Viele Tiere müssen auch einfach auf Nahrung verzichten, dann nämlich, wenn das Futter knapp ist. Das ist in unseren Breiten meist im Winter der Fall. Bär, Igel und Murmeltier fressen sich beispielsweise am Ende des Sommers und im Herbst eine dicke Speckschicht an und zehren dann während des monatelangen Winterschlafes von diesen Fettreserven.

Wenn sie im Frühjahr wieder erwachen, haben sie über die Hälfte ihres Körpergewichtes verloren. Aber auch Steinböcke, Gemsen, Hirsche, Wölfe und viele andere Tiere, die keinen Winterschlaf halten, kennen den jahreszeitlich bedingten Verzicht auf Nahrung.

Wenn sie krank sind, nehmen Tiere keine Nahrung zu sich. Dadurch kann der Körper seine ganze Energie auf die Bekämpfung der Krankheit konzentrieren.

Höchstleistungen trotz Nahrungsmangels

Für Hirsche und Gemsen fällt in die nahrungsarme Zeit sogar die Brunft, also die Zeit des Kampfes der Männchen um die Weibchen. Obwohl die Paarhufer während der ganzen Zeit nichts fressen, sind sie körperlich in Höchstform.
Auch bei Fischen und Vögeln kommt es vor, daß sie Besonderes leisten in Zeiten, in denen sie nichts fressen. So nehmen Lachse, während sie flußaufwärts zu ihren Laichgründen schwimmen, keinerlei Nahrung auf. Und manche Zugvögel können Tausende von Kilometern weit fliegen, ohne auch nur ein einziges Körnchen zu picken.

Das Kaiserpinguinmännchen nimmt, während es das Ei bebrütet, fast neun Wochen lang keine Nahrung auf – und überlebt trotz der klirrenden Kälte in der Antarktis. Wärme geben sich die brütenden Männchen gegenseitig, indem sie sich dicht aneinanderdrängen.

Ernährungsfehler in unserer Wohlstandsgesellschaft führen häufig zu Übergewicht.

»Nach Medizin greifst du und gehst dem Fasten aus dem Weg, als ob du sonst ein besseres Heilmittel finden könntest« (Ambrosius I., 254 n. Chr.).

Medizinische Aspekte des Fastens

Fasten als Einstieg in eine gesündere Lebensführung

Aus medizinischer Sicht kann Fasten vor allem bewirken, daß krankmachende Ernährungsgewohnheiten überdacht bzw. ein für allemal aufgegeben werden. Wer die wohltuende Wirkung des Fastens schon einmal am eigenen Leib verspürt hat, wird sich in Zukunft maßvoller und bewußter ernähren. Diese Folge des Fastens kann nicht hoch genug eingeschätzt werden. Denn die sogenannten Wohlstandskrankheiten wie Übergewicht, Bluthochdruck oder Arterienverkalkung (Arteriosklerose), die zu Herzinfarkt oder Schlaganfall führen können, sind großteils auf falsche Ernährung zurückzuführen. Auch Gicht, Rheumatismus, Verdauungsstörungen und viele andere Leiden basieren auf Ernährungsfehlern. Gerade Menschen, die zu fett, zu süß, zu salzig, zu eiweißreich, zu schwer und insgesamt zu viel essen, sind davon betroffen. Da kann eine Fastenkur eine völlig neue Einstellung hervorrufen.

Eßgewohnheiten überprüfen

Nicht nur die Erfahrung der Fastenden, daß man ohne weiteres Nein zum Essen sagen kann, trägt zu so einer Verhaltensänderung bei. Auch die Sensibilisierung gegenüber allem Fetten, Süßen, Salzigen oder ganz allgemein zu üppigem Essen wirkt in diese Richtung. Wer länger gefastet hat, verträgt in den darauffolgenden Tagen automatisch keine Riesenportion Schweinebraten – abgesehen davon, daß kaum Appetit darauf bestehen wird und so etwas kurz nach den Fasttagen auch nicht gegessen werden darf.

Schlechte Gewohnheiten ablegen

Diese Sensibilisierung, die sich beim Fasten einstellt, erstreckt sich aber nicht nur auf das Essen. Da während des Fastens keine Energie für die Verdauungsarbeit benötigt wird, hat man sozusagen den Kopf frei für andere Dinge. Die Wahrnehmung des eigenen Körpers wird deutlicher, und auch das seelisch-geistige Erleben gewinnt an Raum. Der Fastende wird sich seines Daseins und der Notwendigkeit, gesund zu bleiben, von neuem bewußt. So hat eine Fastenkur schon bei vielen bewirkt, daß sie das Rauchen, übermäßigen Alkoholgenuß, Drogen- und Tablettenmißbrauch oder eine träge, bewegungsarme Lebensweise für immer aufgegeben haben. Das alles sind krankmachende Verhaltensweisen, die, durch den Entschluß zu fasten, oftmals mit Leichtigkeit überwunden wurden.

Das Fasten regeneriert die natürlichen Selbstheilungskräfte des Menschen. Deswegen gehört es zu den Naturheilverfahren.

Fasten – ein bewährtes Naturheilverfahren

Fasten wird als Naturheilverfahren bezeichnet, weil beim Fasten die natürlichen Selbstheilungskräfte des Menschen angeregt bzw. wiederhergestellt werden. Der Mediziner Paracelsus (1493 – 1541) sprach in diesem Zusammenhang vom Aktivieren des »inneren Arztes« oder der heilenden Natur. »Natura sanat, medicus curat!« (Die Natur heilt, der Arzt hilft ihr dabei) lautete sein Leitsatz.

Eines der besten Beispiele, wie sich der Körper mit Hilfe des Fastens von selbst, also ohne bewußtes Zutun, heilt, ist eine fiebrige Erkältung. Wer sie hat, verweigert ganz automatisch einige Tage jede feste Nahrung und möchte nur trinken. Dem Körper, der nunmehr keine Verdauungsarbeit leisten muß, fällt es dadurch leichter, sich zu erholen und wieder gesund zu werden.

Entschlacken und Entgiften

Beim Fasten werden Ablagerungen in den Blutbahnen, dem Fettgewebe und den Gelenken zur Energiegewinnung genutzt. Nicht Verwertbares scheidet der Körper aus.

Während des Fastens befreit sich der Körper von Schlacken und Giftstoffen. Fasten bewahrt somit vor Schäden, die solche Altablagerungen im Körper verursachen können. In diesem Sinne ist Fasten in erster Linie eine vorbeugende Maßnahme, um ernste Beschwerden oder Erkrankungen gar nicht erst entstehen zu lassen.

Der Körper macht Hausputz

Bevor der Körper beim Fasten Reserven angreift, versorgt er sich erst einmal aus Nahrungsresten, die noch im Blut zirkulieren. Dabei werden auch eine Reihe von Partikeln abgebaut, die sich sonst im Inneren der Blutbahnen ablagern würden. Der Körper verwertet diese Stoffe als Energielieferanten oder führt sie, falls sie nicht dazu taugen, der Ausscheidung zu. Auf diese Weise erfahren die Blutbahnen schon an den ersten Fastentagen eine befreiende Entlastung, was Gefäßverengungen vorbeugt. Auch die Blutzucker- und Blutfettwerte normalisieren sich während des Fastens. Allerdings kann eine bereits verhärtete Gefäßverengung (starke Verkalkung) auch durch Fasten nicht mehr rückgängig gemacht werden.

Die entschlackende Wirkung des Fastens zeigt sich aber nicht nur im Blut. Auch das Fettgewebe, die Gelenke, die Lungen, die Haut und selbstverständlich der gesamte Verdauungstrakt werden einer gründlichen Reinigung unterzogen. Dabei kann es am einen oder anderen Fastentag manch-

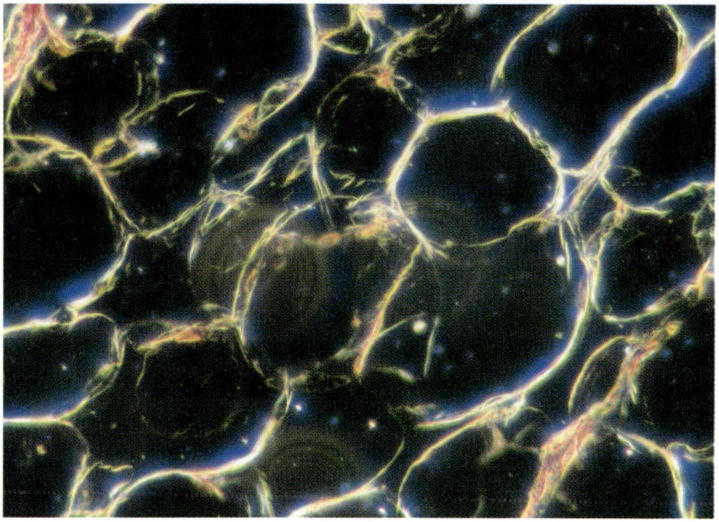

Beim Fasten greift der Körper auf Energiereserven der Fettzellen zurück. Es werden dadurch auch die in den Fettzellen eingelagerten Schadstoffe herausgelöst.

mal zu leichten Beschwerden wie Kopfschmerzen oder Übelkeit kommen. Der Grund für solche sogenannten Fastenkrisen ist in einem vorübergehenden übermäßigen Ausstoß von Altlasten, Schlackstoffen und Giften zu suchen. Die Leber und die Nieren sind dann als die Hauptentgiftungsorgane kurzfristig überfordert. Dies ist jedoch im allgemeinen nicht weiter bedenklich und sollte vor allem mit viel Trinken bekämpft werden, was die Aussscheidung der Giftstoffe vorantreibt.

Verdauungsgifte

Bei der Verdauung entstehen im Darm Gifte wie Kresole, Skatole, Fuselakohole und viele andere. Bei einem gesunden Menschen, der sich richtig ernährt, kann die Leber diese Gifte ohne weiteres abbauen. Wenn aber die Darmschleimhaut infolge jahrelanger Fehlernährung überstrapaziert ist, bilden sich zwischen den Zotten der Darmschleimhaut hartnäckige Ablagerungen. Sie verunreinigen den Körper ständig und in überhöhtem Maß mit solchen Verdauungsgiften.

Trinken, trinken und nochmals trinken. Gerade beim Fasten ist das oberstes Gebot. Aber auch ein gesunder, sich normal ernährender Mensch sollte viel – kalorienarme – Getränke zu sich nehmen. Seine Nieren und sein gesamter Organismus werden es ihm danken.

Dadurch kann es zu einer sogenannten Selbstvergiftung aus dem Darm (intestinale Autointoxikation) mit folgenden Erscheinungen kommen:

- Kopfschmerzen
- Nervosität, Gereiztheit, Müdigkeit
- Schweißausbrüche, Herzbeschwerden
- Schmerzen in den Gelenken
- Gefährliche Gefäßverengungen.

Giftstoffe im Darm können den ganzen Körper vergiften. Diese Autointoxikation (Selbstvergiftung) führt langfristig zu schweren Erkrankungen.

In solchen Fällen kann Fasten manchmal wahre Wunder bewirken, besonders wenn gleichzeitig eine Darmreinigung mit milden abführenden Salzen (Bittersalz, Glaubersalz) oder Einläufen erfolgt. Dabei entledigt sich der Darm aller Schlacken und entlastet den übrigen Körper von der ständigen Giftzufuhr. So berichten viele Fastende, daß nach mehreren Tagen oder gar Wochen des Fastens noch unerwartete Entleerungen auftraten, die anzeigten, daß sich die schädlichen Ablagerungen erst jetzt gelöst hatten.

Verdauungsrückstände vermeiden

Während des Fastens werden vermehrt Abfälle aus dem Zellstoffwechsel ausgeschieden. Sie entstehen unter anderem beim Abbau der Fettzellen, die die Energieversorgung während der Fastenzeit gewährleisten. Ein Großteil dieser Stoffe verläßt den Körper über die Darmschleimhaut. Normalerweise, zu Zeiten üblicher Ernährung, werden sie von den Ballaststoffen im Darminhalt abtransportiert. Beim Fasten jedoch fehlt dieses Transportmittel. Wenn aber die Abfallprodukte im Darm liegenbleiben, können sie im Körper ebenso wie die Verdauungsrückstände Selbstvergiftungserscheinungen hervorrufen. Um die Ausscheidung anzuregen, empfehlen sich einmal mehr die Darmreinigungsmaßnahmen während des Fastens.

Umweltgifte

Zum Teil werden Umweltgifte, die sich an Eiweiß gebunden im Binde- oder Fettgewebe des Körpers eingelagert haben, während des Fastens herausgelöst und ausgeschwemmt. Dabei handelt es sich vor allem um Schadstoffe wie DDT oder Schwermetalle wie Quecksilber, Blei und Kadmium. Dies ist ein hervorragendes Ergebnis des Fastens.
Bei einer Schwermetallvergiftung werden durch das Fasten die Gifte aus dem Fett freigesetzt. Daher sollte bei bekannter Schwermetallbelastung die Kur von einer sogenannten Ausleittherapie (z.B. mit Chlorella) begleitet werden.
Fest steht jedoch schon heute, daß sich beim allgemeinen Fettzellenabbau während des Fastens all jene unerwünschten Stoffe lösen und ausschwemmen, die in den Fettzellen gespeichert waren. Dazu gehören neben Abfällen aus dem Zellstoffwechsel sicherlich auch umweltbedingte Ablagerungen.
Viele der Umweltgifte werden mit der Nahrung aufgenommen. Sie müssen dann von der Leber so weit als möglich unschädlich gemacht werden, was beispielsweise durch Anbindung der Giftstoffe an Aminosäuren geschieht. Da stellt das Fasten eine wohltuende Zeit der Entlastung dar, die es dem gesamten Organismus erlaubt, bildlich gesprochen einmal richtig durchzuatmen.

Eine belegte Zunge, die sogenannte Fastenzunge, und die oft scharf riechende Schweißausdünstung des Fastenden zeugen von der verstärkten Entgiftungsarbeit im Körper.

Allgemeine Entgiftung

Im Urin von Fastenden lassen sich erhöhte Konzentrationen von Giftstoffen wie Indikan, Phenole und viele andere nachweisen. Auch die Ausdünstungen, der oft stark riechende Schweiß vieler Faster, oder die belegte Zunge, die Fastenzunge, zeugen von der breit angelegten Entgiftungsaktion, die beim Fasten im Körper abläuft.
Die Haut des Menschen gehört neben dem Nieren-Blasen-Bereich und dem Darm zu den wichtigsten Ausscheidungs-

TIP
Bürsten Sie beim Zähneputzen auch kräftig Ihre Zunge, damit die Beläge, die sich auf der Fastenzunge bilden, gut entfernt werden.

organen des Körpers. Über die zahllosen Schweißdrüsen der Haut werden Giftstoffe ausgeschieden, was bei Fastenden manchmal so heftig vor sich geht, daß sich beispielsweise das Badewasser oder die Wäsche bräunlich verfärben können.

WICHTIG
Wir alle essen statistisch gesehen etwa 15 g Kochsalz am Tag, oft versteckt in Schinken, Gemüsekonserven, Brot oder Wurst. Das ist entschieden zuviel. Der Bedarf liegt höchstens bei 3 g täglich. Die Nieren können das viele im Salz enthaltene Natriumchlorid dann nicht mehr verarbeiten, und so kann es zur Schädigung des Organismus kommen.

Blutdrucksenkende Kochsalzausschwemmung

Für Menschen, die eine gewisse Veranlagung zu hohem Blutdruck haben, ist zuviel Kochsalz eindeutig schädlich. Ein Übermaß an Salz erhöht den Blutdruck und kann somit eine der Ursachen von Herzinfarkt oder Schlaganfall sein.
An den ersten Fastentagen ist die Ausschwemmung von Kochsalz besonders hoch. Wird das Salz abgebaut, senkt sich auch der überhöhte Blutdruck, sofern er nicht auf ernsten Nieren- oder Herzerkrankungen bzw. einer Schilddrüsenüberfunktion beruht, was nur bei den wenigsten Bluthochdruckpatienten der Fall ist.
Gerade diejenigen, die besonders viel Salz mit der Nahrung aufgenommen haben, sprechen ausgezeichnet auf das Fasten an. Sie können an den ersten Fastentagen bis zu ein Kilogramm Gewicht am Tag verlieren. Denn das Salz hat viel Wasser im Körper gebunden und so zu einer Gewichtszunahme geführt. Nach ein paar Tagen läßt der schöne Anfangserfolg in bezug auf die Gewichtsabnahme aber nach, weil sich der Salzhaushalt im Körper wieder normalisiert hat.

Vorsicht mit Kochsalz!

Auch für Nichtfaster mit hohem Blutdruck muß gelten: Verwenden Sie nur wenig Salz!

- **Nehmen Sie bevorzugt Kräuter statt Salz zum Würzen.**
- **Verzichten Sie möglichst auf salzhaltigen Schinken, Wurst und Gemüsekonserven.**
- **Essen Sie kaliumreich. Kalium ist der chemische Gegenspieler von Kochsalz. Es ist vor allem in frischem Obst und Gemüse enthalten.**

Die Ernährung von innen

Kohlenhydrate, die Energiespender

Unsere wichtigsten Energielieferanten sind Kohlenhydrate wie Zucker und Stärke. Besonders Grieß, Reis, Mehl, Kartoffeln und Hülsenfrüchte sind reich an Kohlenhydraten. Man kann die Kohlenhydrate auch als Betriebsstoffe bezeichnen, weil sie in erster Linie dazu dienen, den Betrieb unseres Körpers aufrechtzuerhalten; im Gegensatz zu den Baustoffen, aus denen unser Körper zusammengesetzt ist und die vor allem aus Eiweiß und Fett gebildet werden.

Den größten Teil der aufgenommenen Kohlenhydrate verwandelt der Körper während der Verdauung direkt in Energie. Man spricht in diesem Zusammenhang von »Verbrennung«, weil dabei, wie bei jeder echten Verbrennung, Sauerstoff gebunden wird, hier an die Kohlenhydratmoleküle. Daß es sich tatsächlich um eine Art Verbrennung handelt, bemerken wir beispielsweise an dem Wärmegefühl unseres Körpers nach dem Essen.

Kohlenhydrate sind die Betriebsstoffe des Körpers. Werden keine mehr zugeführt, stellt sich der Körper automatisch auf die Versorgung aus der Reserve, den Fettzellen, um.

Energieversorgung aus den Fettzellen

Ein gewisser Teil der Kohlenhydrate wird vom Körper jedoch nicht gleich verbrannt, sondern zur Reserve gespeichert. Etwa 300 bis 400 Gramm solcher Reserven lagern vor allem in der Muskulatur und der Leber. Doch diese Sofortreserven sind relativ gering und können uns nur ein bis zwei Tage lang mit Energie versorgen. Wir verfügen aber über weitere Energiespeicher, die Fettzellen. Nehmen wir mehr Kohlenhydrate zu uns als wir unmittelbar benötigen, dann werden die überschüssigen Kohlenhydrate in Fett umgewandelt. Es lagert sich in den Fettzellen des Körpers ab und kann die Fettzellen nach und nach um ein Vielfaches anschwellen lassen.

Die Energie, die in den Fettzellen gespeichert ist, reicht bei gesunden Menschen normalerweise wochenlang aus, um den Körper auch ohne neuerliche Zufuhr von Kohlenhydraten zu versorgen.

Der Hunger schwindet

Mit Hungergefühlen signalisiert der Körper das Bedürfnis nach der gewohnten Menge an Kohlenhydraten. Das hört auf, sobald er sich auf die neue Versorgungsweise umgestellt hat.

So ergibt sich für Fastende folgendes Bild:

- Am ersten Fasttag verfügt der Körper noch über Kohlenhydratreserven, die er direkt abbauen kann, und die ihm die nötige Energie liefern.
- Sobald sie erschöpft sind, besinnt sich der Körper auf eine völlig neue Versorgungsweise. Er schaltet sozusagen auf Sparflamme um und begnügt sich fortan mit der Energie, die er aus seinen Fettzellen gewinnen kann. Das nennt man dann die Ernährung von innen oder auch die innere Ernährung.
- Sobald sich die innere Ernährung eingependelt hat, verschwinden auch anfängliche Hungergefühle.
- Wegen dieser automatischen Umstellung des Stoffwechsels fällt es den meisten Menschen beim Fasten leichter, gar nichts zu essen als wenig zu essen. Denn die neuerliche Aufnahme von Kohlenhydraten stört den Ablauf der inneren Ernährung.
- Mit jedem Mal Fasten vollzieht sich die Umschaltung von der äußeren auf die innere Ernährung müheloser, und das Fasten fällt mit der Zeit immer leichter.

Die Grenze der Selbstversorgung

Erst nach 60 bis 80 Fasttagen sind bei gesunden Menschen alle Energiereserven so weit erschöpft, daß der Tod eintreten kann. In Ausnahmefällen sind aber schon Fastenzeiten von 200 Tagen ohne erkennbare Schäden dokumentiert worden, sieht man einmal von der radikalen Gewichtsabnahme und dem damit verbundenen Kräfteverlust ab. Ein Angehöriger der Sikhs hatte im Jahre 1994 aus religiösen Gründen 204 Tage lang streng gefastet, also nur Wasser und etwas dünnflüssige Nahrung zu sich genommen. Im Januar 1995 beendete er seine Fastenzeit und hatte etwa die Hälfte seines Körpergewichts verloren. Ansonsten war er aber noch bei guter Gesundheit.

Solche Ausnahmeleistungen sollen jedoch keinesfalls dazu aufrufen, sich am Extremfasten zu beteiligen. Aus medizinischer Sicht ist auf jeden Fall dringend davon abzuraten. Normalerweise ist nicht zu verhindern, daß dabei lebensnotwendige Körperreserven angegriffen werden. Außerdem dauert es in solchen Fällen Jahre, bis sich der gesamte Organismus regeneriert hat.

Auch aus Eiweißreserven kann während des Fastens Energie gewonnen werden. Die für die Umwandlung erforderlichen Stoffe entstehen bei körperlicher Bewegung.

Bewegung ist unerläßlich

Neben den Fettzellen spielen auch Eiweißreserven des Körpers eine gewisse Rolle bei der Energiegewinnung während des Fastens. Damit aus den Eiweißreserven verwertbare Kohlenhydrate, also Energiespender, werden, müssen eine Reihe komplizierter Umwandlungsprozesse vor allem in den Nieren und der Leber ablaufen. Für den Umwandlungsvorgang in der Leber ist unter anderem eine Aminosäure mit dem Namen »Alanin« von Bedeutung.
Alanin entsteht in der Muskulatur, aber nur, wenn sie in Bewegung ist. Sport, körperliche Arbeit oder wenigstens stramme Spaziergänge helfen Fastenden somit, bei Kräften zu bleiben.
Bewegung an der frischen Luft verbessert außerdem die Laune und lenkt von eventuellen Hungergefühlen ab. Wer sich beim Fasten zu wenig bewegt, riskiert zudem, daß der Kreislauf instabil wird. Dies kann bei Menschen mit schwachem Kreislauf zu Problemen führen.

Das Abnehmen

»Sucht den Engel der frischen Luft, den Engel des Wassers, den Engel des Sonnenlichts und den Engel der Erde, und laßt sie das ganze Fasten hindurch bei Euch bleiben!« (aus den Schriften der Essener, einer jüdischen Gemeinschaft um 150 v. Chr. – 70 n. Chr.)

Wie groß ist der Gewichtsverlust?

Man verliert um so mehr Gewicht, je länger man fastet. Allerdings gilt dies nur für die Gesamtsumme der Gewichtsabnahme und nicht für die einzelnen Tage. Es hat sich gezeigt, daß immer weniger Pfunde pro Tag schwinden, je länger man keine Nahrung aufnimmt. Am größten ist der Erfolg während der ersten Tage bzw. in der ersten Woche. Ab dann nimmt man täglich nur noch die Hälfte oder gar ein Drittel von der Menge ab, die man anfangs pro Tag verloren hat. Es sind gelegentlich auch einzelne Tage möglich, an denen das Gewicht annähernd konstant bleibt.

Die Angaben, wieviel Gramm Übergewichtige im Durchschnitt pro Fastentag verlieren können, variieren je nach Untersuchung. Man kann aber davon ausgehen, daß Männer im Durchschnitt etwa 500 Gramm und Frauen bis zu 400 Gramm am Tag abnehmen. Bei einer täglichen Aufnahme von etwa 200 Kilokalorien in Form von Obstsaft, etwas Honig und einer Gemüsebrühe (Buchinger-Fasten) vermindern sich diese Werte ungefähr um 50 Gramm pro Tag.

Interessant ist, daß Normalgewichtige beim gemäßigten Fasten weniger Pfunde verlieren als Übergewichtige. Daran kann man erkennen, wie Fasten den Körper von Überflüssigem und Belastendem befreit, hingegen Gesundes und Notwendiges schont.

Fünf Prozent Überflüssiges

Der Körper verwertet beim Abbau der Energiereserven zuerst minderwertiges Zellmaterial und dann höherwertiges. Auf diese Weise kommt es beim Fasten zu einer Durchlüftung des Zellmaterials, wobei kranke, schwache oder überflüssige Zellen bevorzugt abgebaut werden.

Wenn man statistisch berechnet, wieviel körperliches Zellmaterial in etwa als minderwertig anzusehen ist, und somit am besten abgefastet werden sollte, ergeben sich ungefähr fünf Prozent.

Danach leiten sich folgende Richtwerte für eine gesunde Gewichtsreduzierung ab:

- Gesunde Normalgewichtige sollten solange fasten, bis sie etwa fünf Prozent von ihrem Gewicht verloren haben. Bei einem Normalgewicht von 70 Kilogramm sind das dreieinhalb Kilogramm.
- Bei Übergewichtigen ist dieser Wert natürlich zu niedrig. Da sind die jeweiligen persönlichen Gegebenheiten ausschlaggebend.
- Doch für Übergewichtige wie Normalkonstituierte gilt: Bei einem einmaligem Fasten sollte die Gewichtsabnahme 20 Prozent des Körpergewichts keinesfalls übersteigen. Jeder darüber hinausgehende Wert ist gefährlich.

»Das Fasten wirkt wie ein begabter Bildhauer, der bestrebt ist, sowohl bei unförmig Aufgeschwemmten oder Fettleibigen als auch bei Mageren die rechten Formen zu finden und in emsiger Arbeit zu gestalten« (Otto Buchinger, jun., Leiter einer Fastenklinik in Bad Pyrmont).

Die Wirkung auf den Säure-Basen-Haushalt

Der richtige pH-Wert

Der pH-Wert gibt an, ob eine Flüssigkeit – chemisch vereinfacht gesagt – eine Säure oder eine Lauge ist, oder mit anderen Worten, ob die Flüssigkeit sauer oder basisch bzw. alkalisch reagiert.

- Starke Säuren, wie z.B. Salzsäure, zersetzen Materialien, sogar Metalle, Laugen wie z.B. Seifenlauge weichen Materialien auf.

Der pH-Wert (p steht für Potenz = Stärke, H für Hydrogenium = Wasserstoff) gibt die Menge der elektrisch geladenen Wasserstoffionen an, die sich in einer Flüssigkeit befinden

Wichtig

Wer aufgrund extremer Fettleibigkeit so stark abnehmen will oder muß, daß es die empfohlenen fünf Prozent des Körpergewichts wesentlich übersteigt, benötigt unbedingt die ärztliche Betreuung in einer Fastenklinik. Außerdem ist zu diesem Zweck eine langfristige Ernährungsumstellung (1200-Kalorien-Diät) effektiver und gesünder als radikales Fasten. Denn die Fettpolster finden sich ziemlich schnell wieder an den alten Stellen ein, wenn nach dem Fasten die früheren, falschen Ernährungsgewohnheiten wiederaufgenommen werden.

Wußten Sie es? Der pH-Wert unseres Blutes beträgt zwischen 7,38 und 7,44; Blut hat also leicht basische (laugenhafte) Eigenschaften.

und die über den jeweiligen Charakter – sauer oder basisch – der Flüssigkeit entscheidet.

- Reines Quellwasser ist weder sauer noch laugenhaft und hat einen pH-Wert von 7. Säuren haben einen geringeren und Laugen einen höheren pH-Wert.

Für den pH-Wert im menschlichen Körper gilt:

- Alle Körperflüssigkeiten (Blut, Lymphe, Drüsensekrete etc.) müssen stets gleichbleibend den für sie speziellen pH-Wert aufweisen. Das Aufrechterhalten des jeweils richtigen pH-Werts ist eine der wichtigsten Aufgaben unseres Stoffwechselgeschehens.
- Der pH-Wert unseres Blutes liegt zwischen 7,38 und 7,44. Würde der Wert unter 6,8 sinken oder über 7,6 steigen, dann würde man sterben. Eine derartige Veränderung des Blut-pH-Wertes ist normalerweise jedoch kaum möglich, da der Wert einer automatischen Steuerung unterliegt.

Selbstregulierung des Säure-Basen-Haushalts

Nimmt man zuviele Säuren z.B. aus säurebildenden Nahrungsmitteln wie Fleisch, Kaffee, Alkohol oder Süßigkeiten auf, werden die Basenreserven des Blutes neutralisiert.

Darüber hinaus scheiden die Nieren und Lungen überschüssige Säuren aus, um den Säure-Basen-Haushalt im Gleichgewicht zu halten.
Wenn diese Mechanismen nicht mehr ausreichen, werden die überschüssigen Säuren in die verschiedenen Gewebe verschoben – es kommt zum »sauren Gewebe«. Dies kann z.B. im Herzmuskel bei langanhaltender Übersäuerung zu beträchtlichen Schmerzen bis hin zu einem Infarkt führen.

Die säureregulierende Nieren- und Lungentätigkeit

Beim Fasten gewinnt der Körper die nötige Energie vor allem aus den Fettzellen (innere Ernährung), genauer gesagt aus der Verwertung von Fettsäuren, die in den Fettzellen gespeichert sind. Das hat zur Folge, daß das Blut und auch andere Körperflüssigkeiten stärker mit Säuren belastet werden. Im Blutserum steigt der Anteil an sogenannten freien Fettsäuren an, aber auch andere Säuren wie beispielsweise bestimmte Buttersäure- und Essigsäureverbindungen, die beim Fettabbau entstehen, treten vermehrt auf. Um dieser Übersäuerung Herr zu werden, müssen vor allem die Nieren gut funktionieren. Dazu benötigen sie mindestens zwei bis drei Liter Flüssigkeit am Tag, bei stark Übergewichtigen sogar bis zu fünf Liter.
Außerdem folgt daraus, daß Menschen mit Nierenfunktionsstörungen unbedingt einen Arzt konsultieren müssen, falls sie fasten wollen. Nur er kann entscheiden, ob eine Fastenkur für sie in Frage kommt.

Der Säure-Basen-Haushalt im Körper ist ein empfindlich reagierendes Gleichgewicht. Nieren- und Lungentätigkeit leisten einen erheblichen Beitrag zu seinem reibungslosen Funktionieren.

Fastende können (und sollten) einiges tun, um den Säureabbau zu unterstützen:

- Beispielsweise liefern Obst- und Gemüsesäfte oder Gemüsebrühen wertvolle Inhaltsstoffe, die den Nieren beim Abbau der Säuren helfen.

Bei der Energiegewinnung aus den Fettzellen werden Säuren freigesetzt. Deshalb ist der Stoffwechsel beim Fasten zusätzlich belastet. Viel trinken, schwitzen und Atemübungen helfen Niere und Lunge beim Säureabbau.

- Auch das Schwitzen, beim Sport oder in der Sauna, hilft bei der Regulation des Säure-Basen-Haushalts und dient nicht nur der allgemeinen Entgiftung des Körpers während des Fastens.

- Außerdem sind körperliche Aktivitäten, die die Atemtätigkeit anregen, oder intensive Atemübungen, von großem Nutzen. Die Lungen scheiden nämlich Kohlensäure aus und leisten somit auch einen Beitrag zur Säureregulierung.
  Viele Fastende stellen deshalb ganz automatisch fest, daß sie vertiefter atmen als sonst. Diesen Vorgang sollte man bewußt unterstützen.

- Wer sich zu diesem Zweck eingehender mit Yoga-Atemübungen beschäftigen will, muß bedenken, daß diese Übungen oftmals wesentlich stärker in das körperliche und psychische Geschehen eingreifen, als man gemeinhin annimmt. Deshalb sollten solche Techniken am besten bei anerkannten Yogalehrern erlernt werden.

Die Säuren im Magen

Während des Fastens hat der Magen kaum Verdauungsarbeit zu leisten. Er verkleinert sich in der Zeit und produziert weniger Salzsäure, die er bei normaler Ernährung zur Eiweißzersetzung benötigt. Auf der anderen Seite wird der Magen aber vermehrt mit Säuren belastet, die aus der inneren Fettverwertung stammen. Wer unter einem empfindlichen Magen (Reizmagen) leidet, kann darauf unter Umständen mit Sodbrennen, Aufstoßen oder im schlimmsten Fall mit Magenschmerzen reagieren.
Dieser relativ seltenen Erscheinung beim Fasten kann man normalerweise leicht mit Haferschleim und Kamillentee begegnen.

Achtung!

Wer an einem Magen- oder Zwölffingerdarmgeschwür leidet, für den ist Fasten verboten. Patienten, die öfter Magenschmerzen haben und fasten wollen, sollten sich untersuchen lassen, ob nicht ein aufkommendes Magengeschwür Ursache ihrer Beschwerden ist.

Im Zweifelsfall empfiehlt sich für solche Menschen eher eine Milch-Semmel-Kur nach F.X. Mayr als beispielsweise reines Saftfasten, weil die ausgetrockneten Semmeln die Säuren im Magen gut aufsaugen. Auch Molkefasten und Schleimfasten hat sich in solchen Fällen bewährt.

Tip
Einen übersäuerten Magen kurieren Sie am besten mit Kamillentee oder Haferschleim.

Fasten und Krebs

Wer an Krebs leidet, kann nach dem gegenwärtigen Stand der wissenschaftlichen Forschung mit einer Fastenkur keine Heilung erzielen. Im Gegenteil. Krebspatienten sollten keinesfalls fasten, weil sie der Nahrungsentzug zuviel Kraft kostet.
Eine neuere Untersuchung vom Institut für Tumorbiologie der Universität Wien deutet allerdings daraufhin, daß Fasten die Entstehung von Krebs behindern kann. Zumindest zeigte sich das im Tierversuch. Man entzog Ratten eine Zeitlang jede Nahrung und behandelte sie dann mit Chemikalien, die Leberkrebs verursachen.
Das Ergebnis war, daß sich die Geschwulstbildung, die daraufhin normalerweise auftritt, stark verzögerte oder ganz ausblieb. Insgesamt war bei den Tieren, die gefastet hatten, das Risiko, an Leberkrebs zu erkranken, um etwa die Hälfte gesunken. Die Wissenschaftler nehmen an, daß der Nahrungsentzug eine Art Selbstmordprogramm in der Leber auslöst. Die Leberzellen beginnen sich selbst zu zerstören, und zwar in dieser segenbringenden Reihenfolge:

Haferschleim
2 EL Haferflocken in 1/4 l kaltes Wasser rühren und einige Körnchen Salz hinzufügen.
Den Brei 2 Minuten unter Rühren aufkochen lassen; abschließend etwas Milch dazugießen.

Erst vernichten sich die krankhaften Zellen, die sogenannten Vorläuferzellen, aus denen Tumore entstehen können, dann erst die gesunden Zellen. Nach einer Hungerkur von drei Monaten waren bei den Versuchstieren mindestens 85 Prozent der Vorläuferzellen abgestorben, aber nicht einmal 20 Prozent der gesunden Zellen.

Krebsvorbeugung durch Fasten

Tierversuche zeigten: Fasten kann die Entstehung von Krebs behindern.

Beim 8. Symposium der Abteilung Experimentelle Krebsforschung (AEK) in Heidelberg wiesen die Experten deutlich darauf hin, daß diese Folge des Fastens nur eintritt, bevor (!) die Krebsgeschwülste zu wachsen beginnen, bzw. wenn noch nicht allzuviele Zellen krankhafte Veränderungen aufweisen. Trotzdem bestätigt sich damit, daß Fasten eines der besten Mittel ist, um Erkrankungen vorzubeugen – und das sogar bei bösartigen wie dem Krebs.
Nebenbei sei gesagt, daß sich in der Medizin die Auffassung durchzusetzen scheint, übermäßige Kalorienaufnahme sei eine der Ursachen für die Entstehung von Tumoren. Dem kann durch Fasten in jedem Fall vorgebeugt werden.

Heilfasten

Durch Fasten kann man Erkrankungen nicht nur vorbeugen oder ganz allgemein etwas für seine Gesundheit tun, sondern auch gezielt eine Reihe von Krankheiten und ernsteren Beschwerden lindern oder gar heilen. Man spricht dann von »Heilfasten« im Unterschied zum vorbeugenden Fasten für Gesunde.
Das Heilfasten wird auch die Operation ohne Messer genannt. Es darf nicht ohne ärztliche Verordnung und Anleitung erfolgen und wird im Normalfall in einer Fastenklinik durchgeführt.

Während des Nachtschlafs nehmen wir keine Nahrung auf, und trotzdem funktioniert der menschliche Organismus problemlos, arbeiten die Organe weiter. Aufgrund der langen Essenspause nennen die Engländer ihr Frühstück »breakfast«, zu deutsch »Fastenbrechen«.

Heilfasten unterscheidet sich vom Fasten für Gesunde vor allem in zweierlei Hinsicht:

- Es dauert mindestens zwei bis vier Wochen und geht somit über einen wesentlich längeren Zeitraum als das Fasten für Gesunde, das nicht über eine Woche hinausgehen sollte. Nur die längere Dauer des Heilfastens bringt auch die durchgreifenden gesundheitlichen Resultate.
- Der Fastenpatient steht unter ständiger ärztlicher Kontrolle und kann im Bedarfsfall sofort Hilfe oder unterstützende Behandlungen bekommen.

Die Unterscheidung von Heilfasten und Fasten für Gesunde sollte aber nicht zu streng gesehen werden. Selbstverständlich haben einige Fastentage, die man in eigener Regie zu Hause macht, auch schon heilende Wirkung, beispielsweise bei leichten Verdauungsbeschwerden oder erhöhten Blutfettwerten. Und – andersherum – sollte man seine Hauskur einige Tage länger als geplant durchhalten, ist man deswegen noch kein behandlungsbedürftiger Heilfastenpatient.

Heilfasten und Fasten für Gesunde unterscheiden sich in einigen Punkten; aber die Übergänge zwischen beiden Fastenformen sind fließend.

Heilfasten erfolgt unter ärztlicher Kontrolle und über den Zeitraum mehrerer Wochen.

Wann ist Heilfasten angezeigt?

Mehrwöchiges Heilfasten ist bei verschiedenen Erkrankungen sinnvoll. So z.B. bei:

- Störungen und Krankheiten des gesamten Verdauungssystems
- Darmträgheit und Verstopfung
- Blähungen
- Magen- und Darmschleimhautentzündungen
- Bestimmten Leberleiden wie z.B. Fettleber oder beginnender Leberschrumpfung (Leberzirrhose)
- Gallenblasen- bzw. Gallenwegserkrankungen
- Erkrankungen des Herz-Kreislauf-Systems
- Durchblutungsstörungen, sowohl arterieller als auch venöser Art; beispielsweise durch Aderverkalkung (Arteriosklerose)
- Hohen Blutfettwerten (Cholesterin und/oder Triglyzeride)
- Erhöhtem Blutdruck (Hypertonie)
- Auf Arterienverengung beruhenden Herzerkrankungen (z.B. schmerzhafte Herzenge, d.h. Angina pectoris)
- Herzmuskelschwäche
- Erhöhtem Herzinfarkt- bzw. Schlaganfallrisiko
- Entzündlichen Hautkrankheiten
- Ekzemen, Furunkeln, Pickeln, Akne
- Augenbeschwerden wie beispielsweise verklebten Augen oder Gerstenkörnern
- Allergisch bedingten Erkrankungen
- Schuppenflechte
- Erkrankungen des rheumatischen Formenkreises
- Bronchialasthma
- Gicht
- Bandscheibenschäden
- Häufigen Kopfschmerzen
- Depressiven Verstimmungen

Wer darf nicht fasten?

Wer an einer der folgenden Krankheiten leidet, darf nicht fasten:

- Zehrende Krankheiten wie beispielsweise Krebs, Tuberkulose
- Schilddrüsenüberfunktion
- Psychosen
- Epilepsie
- Schwere Depressionen
- Magen- oder Zwölffingerdarmgeschwüre
- Eßstörungen wie Bulimie (Eß-Brech-Sucht) oder Magersucht
- Nierenschwäche oder -funktionsstörungen

Darüber hinaus darf nicht fasten:

- Wer stark unterernährt oder sehr abgemagert ist
- Wer altersschwach ist
- Wer unter Erschöpfungszuständen leidet
- Wer erst vor kurzem eine Operation oder eine schwere Krankheit durchgemacht hat und sich daher noch recht erschöpft fühlt
- Wer einen allzu labilen Kreislauf hat (häufig in Ohnmacht fällt)
- Wer einen sehr stark erhöhten Blutdruck hat
- Wer überfordert oder sehr nervös ist

Außerdem ist zu beachten:

- Schwangere und stillende Frauen dürfen natürlich nicht fasten
- Kinder und Jugendliche dürfen nur fasten, wenn sie Übergewicht haben und sich aus freien Stücken entscheiden zu fasten
- Wer medikamentös behandelt wird, darf im Normalfall nicht fasten, es sei denn mit ausdrücklicher Zustimmung des Arztes; bei vielen Medikamenten ist nicht gewährleistet, daß sie von einem entleerten Darm gut aufgenommen werden
- Wer sich nicht sicher ist, ob er ganz gesund ist, sollte sich mit seinem Arzt besprechen

WICHTIG!
Wenn Sie regelmäßig Medikamente einnehmen, sollten Sie vor dem Fasten auf jeden Fall einen Arzt befragen.

Einen festen Tag in der Woche, z.B. den Freitag, sollten Sie als Fastentag festlegen.

TIP

Erklären Sie immer denselben Wochentag zum Fastentag, etwa den Freitag oder den Montag. Diese Wochentage bieten sich an, da die Mahlzeiten am Wochenende in der Regel ohnehin üppiger ausfallen als sonst. Verbinden Sie den Fastentag immer mit viel Trinken, reichlich körperlicher Bewegung und verschiedenen Anwendungen.

Formen des Fastens

Welche Form des Fastens ist für mich geeignet?

Wenn Sie ein Fastenneuling sind, beginnen Sie am besten mit einem Fastentag pro Woche. An diesem Tag nehmen Sie nur Wasser, Tee oder Säfte zu sich. Die normale Nahrungspause über Nacht wird dann über einen Tag hinaus ausgedehnt. Der Organismus bleibt von der Nacht her umgeschaltet auf den Abbau körpereigener Energiedepots.

Ein Fastentag in der Woche

Der Fastentag hat freilich nicht die tiefgreifende ganzheitliche Wirkung wie eine längere Fastenkur. Er dient vielmehr der allgemeinen Gesundheitsvorsorge:

- Risikofaktoren, wie ein zu hoher Gehalt an Blutfetten (z.B. Cholesterin, Triglyzeride), werden rechtzeitig abgebaut.
- Herz und andere Organe, Kreislauf und Stoffwechsel werden vorbeugend entlastet.
- Besonders positiv wirkt er sich für Menschen mit zu hohem Blutdruck aus.
- Auch bei leichtem Übergewicht oder um das Gewicht zu halten, hat sich ein regelmäßiger Fastentag bewährt.

Ein Fastenwochenende im Monat

Berufstätige sollten sich einmal im Monat ein Fastenwochenende gönnen. Für sie gilt dann dasselbe Programm wie für den Fastentag – nur an zwei Tagen hintereinander eben.

Auch hier ist die Regelmäßigkeit wichtiger als die Häufigkeit. Das Wochenende ist günstig, weil man normalerweise weniger beansprucht ist und sich voll und ganz dem Fasten widmen kann.
Man hat Zeit für erholsame Spaziergänge, viel Bewegung an der frischen Luft, eventuell eine leichte sportliche Betätigung wie Schwimmen oder Radfahren und kann auch einem gesteigerten Schlafbedürfnis beliebig nachgeben.

Halten Sie den Fastentag konsequent das ganze Jahr über ein. Man kann ihn auch nur jede zweite oder dritte Woche oder einmal im Monat einschieben. Aber nur bei regelmäßiger Durchführung garantiert dieser eine Fastentag auch Erfolge.

Das 10-Tage-Programm

Die zehntägige Kurzfastenkur, wie sie später ab Seite 59 im einzelnen vorgestellt wird, umfaßt einen Entlastungstag mit leichter Kost, bei dem der Körper auf die Fastenzeit eingestimmt wird, sowie fünf volle Fastentage.
So lange sollten Sie mindestens fasten, um einen Geschmack von der segensreichen Wirkung des Fastens zu bekommen. Diese Zeitspanne können gesunde Menschen auch problemlos selbständig fasten.
Zum Programm gehören anschließend ein Tag Fastenbrechen sowie drei Aufbautage, in denen die Verdauung angekurbelt und der Organismus langsam wieder auf vollwertige Ernährung umgestellt wird. Diese Kur kann ein- oder zweimal im Jahr gemacht werden.

Die Langzeitkur

Eine Langzeitkur sollte mindestens zwei bis vier Wochen in Anspruch nehmen. So eine große Fastenkur sollte nur auf ärztlichen Rat hin und mit ärztlicher Begleitung, am besten in einer Fastenklinik, erfolgen. Hier haben Sie die bestmögliche fachliche Betreuung und auch die Gesellschaft Gleichgesinnter, die das Fasten wesentlich erleichtert.
Außerdem ist für begleitende Entspannungs- und Bewegungsprogramme, Kneippsche Wasseranwendungen, Massa-

gen etc. gesorgt. Und – was bei einer großen Fastenkur ebenfalls wichtig ist – Sie haben einmal Abstand vom Alltag und können in einer neuen Umgebung Körper, Geist und Seele verwöhnen.

Die richtige Fastenmethode

Vollfasten fällt oft leichter als das Teilfasten, weil der Organismus ganz auf die Ernährung von innen eingestellt ist und keine Nahrung von außen erwartet.

Fasten ist nicht gleich fasten. Es gibt verschiedene Varianten des Fastens, und nicht jede Fastenmethode ist für jeden gleichermaßen geeignet. Wenn Sie sich bei einer Kur gar nicht wohl gefühlt haben, kann es sein, daß Sie die falsche Fastenkur gewählt haben. Scheuen Sie sich nicht, das nächste Mal eine andere Kurform auszuprobieren – erst einmal anhand eines einzelnen Fastentages. Im Zweifelsfall wird Ihnen Ihr Arzt beratend zur Seite stehen. Was Sie keinesfalls tun sollten, ist, während des 10-Tage-Programms die Methode zu wechseln. Lesen Sie die verschiedenen Fastenmethoden aufmerksam durch, und lassen Sie sich von Ihrer Intuition leiten. Dann können Sie vermutlich rasch sagen, ob Sie sich mehr zu Milch und Semmeln hingezogen fühlen, zu Rohsäften oder zum kombinierten Tee-Saft-Fasten nach Buchinger.

Voll- oder Teilfasten?

Die ersten vier vorgestellten Methoden (Wasserfasten, Teefasten, Tee-Saft-Fasten nach Buchinger und Rohsäftefasten) bezeichnet man als Vollfasten, da entweder ganz auf die Zufuhr von Kalorien verzichtet wird oder nur wenige flüssige Kalorien in Form von Säften, Brühe oder Honig aufgenommen werden.
Die anderen Methoden (Milch-Semmel-Kur, Schrothkur, Schleimfasten) fallen unter den Begriff Teilfasten, denn die Nahrungszufuhr ist nur stark eingeschränkt (Semmeln, Molke, Haferbrei oder Schleimsuppen sind erlaubt).

Vollfasten

Das Wasserfasten

- Das Wasserfasten ist die Urform des Fastens. Man trinkt täglich zwei bis vier Liter (kohlensäure- und natriumarmes) Mineralwasser. Es wird auch unter dem Begriff »Nulldiät« in Krankenhäusern vor allem zur Gewichtsreduzierung durchgeführt.

Diese Form des Fastens soll ohne ärztliche Aufsicht nicht länger als ein bis zwei Tage ausgeübt werden. Sie empfiehlt sich nicht über einen längeren Zeitraum. Längeres Wasserfasten birgt die Gefahr eines Vitamin- und Mineralstoffmangels. Deshalb werden bei dieser Fastenform, wenn sie über längere Zeit in der Klinik ausgeübt wird, zusätzlich Vitamine verabreicht, vor allem Vitamin C sowie Vitamine der B-Gruppe und die Mineralstoffe Magnesium, Kalium und Kalzium, die der Körper alle zum Gesundbleiben benötigt.

Das Teefasten

- Teefasten ist die natürliche Form des Fastens bei fiebrigen Erkrankungen. Man trinkt dreimal täglich zwei Tassen Kräutertee verschiedener Sorte – ohne Zucker oder Honig. Dazwischen löscht man den Durst mit kohlensäurearmem Mineralwasser.

Auch beim Teefasten nehmen Sie wie beim Wasserfasten nur kalorienfreie Getränke zu sich. Deshalb sollten Sie ohne ärztliche Rücksprache nicht länger als zwei oder drei Tage Teefasten. Wie beim Wasserfasten empfiehlt es sich auch hier, besonders für ältere oder schwächliche Menschen, zusätzlich ein Multivitamin- und Multimineralstoffpräparat (aus der Apotheke) einzunehmen.

TIP
Tee- und Wasserfasten empfiehlt sich eher für einzelne Fastentage, da Sie dabei keine Vitamine und Mineralstoffe zu sich nehmen.

WICHTIG
Sowohl beim Wasser- als auch beim Teefasten ist eine gründliche Darmreinigung, z.B. durch Trinken einer Bitter- bzw. Glaubersalzlösung oder durch einen Einlauf, mit entscheidend.

Das Heilfasten nach Buchinger (Tee-Saft-Fasten)

TIP
Das Tee-Saft-Fasten ist besonders geeignet für längere Kuren. Die Fastenkur nach Buchinger gehört mit der F.-X.-Mayr-Kur zu den bedeutendsten Fastenkuren.

- Beim Buchinger-Fasten nehmen Sie pro Tag etwa 200 bis 300 Kilokalorien in Form von frischen, rohen Obst- und Gemüsesäften, Gemüsebrühe und Honig zu sich. Auf diese Weise bekommt der Körper ausreichend lebenswichtige Vitamine, Mineralstoffe und Spurenelemente. Den Durst löschen Sie mit Kräutertee und natrium- und kohlensäurearmem Mineralwasser.

Nach Otto Buchinger wird durch diese Form des Fastens eine wirkungsvollere Reinigung und Entgiftung des Körpers erzielt. Somit kommt es zu einer schnelleren Heilung von Krankheiten als beim klassischen Wasserfasten.
Unterstützt wird diese überaus bewährte Fastenmethode durch Darmreinigungen (mit Glauber- oder Bittersalz), ein Bewegungsprogramm, Entspannungsübungen, Kneippsche Wasseranwendungen und den stufenweisen Nahrungsaufbau nach der Kur.

Das Rohsäftefasten

TIP
Saftfasten eignet sich hervorragend für einzelne Fastentage oder eine Kurzkur zu Hause.

- Dabei trinken Sie drei- bis fünfmal täglich ein Glas frischgepreßten Obst- oder Gemüsesaft, ansonsten Mineralwasser und Kräutertees. Beim Saftfasten werden dem Körper viele Vitalstoffe zugeführt. Die wertvollen Nährstoffe werden direkt vom Blut aufgenommen, ohne das Verdauungssystem zu belasten.

Besonders Kalium, das reichlich in Säften vorkommt, verstärkt die Ausscheidung von Giftstoffen und Säuren über die Nieren. Auch die Ausscheidungskraft der Lungen und der Haut wird durch die Säfte sehr gesteigert. Darüber hinaus haben verschiedene Säfte, insbesondere Kräutersäfte, spezielle Heilwirkungen.

Teilfasten

Die Milch-Semmel-Kur

Die Milch-Semmel-Kur geht auf den österreichischen Arzt F.X. Mayr (1875–1965) zurück. Sie dürfen bei dieser Fastenkur feste Nahrung, eben Semmeln, zu sich nehmen, die Sie zusammen mit wenig Milch verzehren. Die Semmeln werden vorher zwei bis drei Tage an der Luft getrocknet. Wichtig ist gründliches Kauen der Fastenspeise. Gekaut wird solange (ca. 40mal), bis die Speise im Mund verflüssigt ist. Sie dürfen essen, bis eine leichte Sättigung erreicht ist. Ergänzend kommen tägliche Darmreinigungen mit Bittersalz sowie Bauchbehandlungen durch geschulte Mayr-Ärzte hinzu.

Die Schroth-Kur

Ihr Begründer ist Johann Schroth (1789–1856), ein einfacher Bauer und hervorragender Naturbeobachter. Bei dieser Kur wechseln Tage, an denen man altbackene Semmeln und Zwieback essen und wenig trinken darf (Trockentage) mit Tagen ab, an denen viel getrunken wird (Trinktage).

- Am Montag, Mittwoch und Freitag, den Trockentagen, darf man beliebig viele trockene Semmeln und Zwieback essen. Zu trinken gibt es abends lediglich ein Achtelliter Wein.
- Dienstag und Samstag sind »kleine Trinktage«. Tagsüber gibt es Weinsuppe, Reis-, Gerste- oder Haferbrei zu essen und beliebig viele Semmeln oder Zwieback. Abends darf man einen halben Liter Wein trinken.
- Donnerstag und Sonntag sind »große Trinktage«. Morgens beginnt man mit einem halben Liter warmen Wein oder Hafersuppe. Mittags gibt es etwas Hafersuppe und Grießspeise mit Pflaumenkompott. Abends trinkt man bis zu einen halben Liter Wein und ißt dazu Semmeln bzw. Zwieback.

Zum Thema »Heilfasten nach F.X. Mayr« ist im Südwest Verlag ein eigener Ratgeber erschienen, der den Kurverlauf in allen Einzelheiten beschreibt.

- Individuell werden zusätzliche Speisen oder mehr Flüssigkeit an den Trockentagen verordnet. Zur Entschlackung werden Ganzpackungen (Schrothsche Dunstwickel) verabreicht.

Die Schroth-Kur dauert mindestens drei Wochen und kann nur in einer Kurklinik durchgeführt werden.

Die Wirkung der Schroth-Kur

Erwiesenermaßen bewirkt der Wechsel von Trocken- und Trinktagen eine stärkere Reinigung des Körpers als wenn, wie bei anderen Kuren, immer gleichmäßig viel getrunken wird. Äußerst problematisch ist aber – und sowieso nicht jedermanns Sache –, daß bei dieser Fastenmethode als Getränk praktisch nur Wein genossen wird.
Damit Menschen, die abstinent leben, sich auf diese Weise nicht an Alkohol gewöhnen (was bekanntlich schlimme Folgen haben kann), sollte die Schroth-Kur nur von jemandem gemacht werden, dem der maßvolle Umgang mit Alkohol vertraut ist.

Die Trauben- und Obstkur

Kuren mit Trauben und anderem Obst zählen nicht zu den eigentlichen Fastenkuren. Sie empfehlen sich jedoch für einen Entlastungstag oder für ein Entlastungswochenende. Sie führen zu einer Entwässerung des Bindegewebes, entlasten den Kreislauf und die Verdauungsorgane. Außerdem enthält Obst viele Vitamine und Ballaststoffe.

Das Molkefasten

Bei der Molkefastenkur dürfen Sie pro Tag ein bis zwei Liter Diätkurmolke trinken sowie Kräutertees und 80 Milliliter Pflanzenfrischsaft. Diätkurmolke aus dem Reformhaus (z.B. von Heirler) ist sehr kalorienarm, enthält aber viele Vitamine und Mineralstoffe (besonders Kalium), hochwertiges Eiweiß, Milchzucker sowie rechtsdrehende natürliche Milchsäure.

Sie wird auch von Magenempfindlichen gut vertragen. Diese Fastenmethode ist hervorragend geeignet für Menschen mit Stoffwechselstörungen und Darmproblemen, insbesondere solchen, die häufig unter Stuhlverstopfung leiden und infolge dessen oft zu Abführmitteln greifen. Molke wirkt auch der Übersäuerung des Körpers entgegen, die durch den Genuß von zuviel Fleisch entsteht.

Molke oder »Käsewasser« entsteht bei der Quarkgewinnung aus geronnener Milch.

Das Schleimfasten

Diese Fastenmethode empfiehlt sich vor allem für Personen mit Magenproblemen. Sie nehmen dreimal täglich Hafer-, Reis- oder Leinsamenschleim zu sich. Der Schleim wird in kleinen Schlucken getrunken. Zur Geschmacksverbesserung können Sie mit wenig Salz, Hefeextrakt, Honig, Gemüse- oder Obstsaft würzen. Zum Trinken gibt es Mineralwasser und Kräutertees.

Gerade im Herbst empfiehlt es sich, gelegentlich einen Entlastungs- oder Entschlackungstag mit frischen Weintrauben einzulegen.

Mit einer schönen Tasse oder einem stilvollen Service macht auch das Teefasten Spaß.

Wiegen Sie sich täglich, und zwar immer morgens nach dem Gang zur Toilette und immer – je nach Gewohnheit – nackt oder mit Schlafanzug oder Nachthemd bekleidet.

Ein Fastentag zur Gesundheitsvorsorge

Ob Sie einen regelmäßigen Fastentag einlegen oder ein ganzes Wochenende lang fasten – der Programmablauf bleibt dergleiche. Sie können Ihren Fastentag bei normaler Berufsarbeit durchführen, besser ist es jedoch, den Tag von allen Verpflichtungen freizuhalten.

Der Tagesbeginn

Der richtige Start in den Tag

- Gönnen Sie es sich, einmal ohne Wecker aufzustehen, und schlafen Sie so lange, bis Sie von selbst erwachen.
- Nach dem Aufwachen springen Sie bitte nicht sofort aus dem Bett, sondern dehnen, räkeln und strecken Sie sich erst einmal ausgiebig; dadurch werden Gelenke und Muskulatur erfrischt und das Körperbewußtsein gestärkt.
- Anschließend wären fünf Minuten Gymnastik am offenen Fenster oder, besser noch, im Freien optimal.
- Nehmen Sie dann ein »Luftbad«, bei dem Sie sich etwa 15 Minuten unbekleidet in einem gut gelüfteten Raum aufhalten.
- Währenddessen könnten Sie Ihren Kreislauf durch Trokkenbürsten ankurbeln. Bürsten Sie in kreisenden Bewegungen immer in Richtung Herzen, solange bis die Haut rosig ist.
- Verwöhnen Sie anschließend Ihre Haut mit einem guten Körperöl.
- Dann steigen Sie auf die Waage und notieren Ihr Gewicht.

Gymnastik im Bett

1
Strecken Sie die Beine in die Luft, und fahren Sie zwei Minuten lang Rad – abwechselnd vorwärts und rückwärts.

2
Legen Sie sich auf den Rücken, und strecken Sie die Beine hoch.

3
Dann heben und senken Sie Ihre Fußspitzen etwa zehnmal hintereinander.

4
Stützen Sie die Taille mit den Händen, und strecken Sie die Beine in die Luft zur Kerze. Bis 20 zählen und langsam zurück.

- Erst jetzt trinken Sie in kleinen Schlucken ein Glas warmes Wasser mit einem Teelöffel Bitter- oder Glaubersalz zur Darmreinigung. Bittersalz (Magnesiumsulfat) und Glaubersalz (Natriumsulfat) sind natürliche Mineralsalze, die beide, in Wasser aufgelöst, leicht abführend wirken. Sie erhalten die Salze in der Apotheke.
- Begeben Sie sich dann ins Bad zur Morgentoilette.
- Denken Sie daran, das warme Bad oder die Dusche mit einem kalten Guß abzuschließen.

TIP
Wer den Geschmack der abführenden Salze nicht mag, kann zur Darmreinigung auch einen Einlauf durchführen, der eventuell auch schonender und besser zu kontrollieren ist.

Der Tagesverlauf

So kommen Sie gut durch den Tag

- Trinken Sie tagsüber, wenn Sie zusätzlich Durst haben oder ein Hungergefühl verspüren, Mineralwasser (natrium- und kohlensäurearm) – soviel Sie mögen. Insgesamt sollte die tägliche Trinkmenge etwa zweieinhalb bis drei Liter betragen.
- Nehmen Sie jede »Mahlzeit« am gedeckten Tisch ein, auch wenn es sich um Mineralwasser, Kräutertee oder Saft handelt.

Tip

Sie können in Apotheken und Reformhäusern auch spezielle Fastentees entweder offen oder als Teebeutel kaufen. Sie enthalten bereits fertig gemischte Kräuter, die das Entwässern und Entsäuern Ihres Körpers sinnvoll unterstützen.

- Wenn auf Ihrem Fastenplan »Kräutertee« steht: Brühen Sie hellen (nur zwei bis drei Minuten ziehen lassen) Kamillen-, Melissen, Pfefferminz- oder Thymiantee. Oder wählen Sie Tees mit speziellen Heilwirkungen. Geben Sie keinen Zucker in den Tee; Honig nur, wenn es ausdrücklich angegeben ist.
- Trinken Sie die flüssige Nahrung in kleinen Schlucken, und kauen Sie jeden Schluck so, wie man es bei gutem Wein tut. Besser ist, wenn Sie die flüssige Mahlzeit löffeln. Auf diese Weise tritt schneller eine Sättigung ein.
- Achten Sie darauf, daß Sie ausreichend Bewegung an der frischen Luft haben. Das Minimum ist zweimal täglich eine halbe Stunde zügig Spazierengehen, Radfahren oder leichtes Laufen. Leistungssport sollten Sie jedoch am Fastentag nicht betreiben.

Regelmäßige Bewegung an der frischen Luft ist nicht nur ein ausgezeichnetes Training für Ihren Organismus, sondern es fördert auch die Entgiftung und Entschlackung, und es beugt Kreislaufproblemen – nicht nur während der Fastenzeit – vor.

- Nehmen Sie ein Sonnenbad, wenn es das Wetter erlaubt.
- Wer Kreislaufprobleme bekommt (Schwindel, Schwächegefühle, Müdigkeit) trinkt eine Tasse dünnen schwarzen Tee mit einem halben Teelöffel Honig zur Kreislaufanregung. Auch ein Glas Buttermilch hat dieselbe Wirkung.
- Gönnen Sie sich, wenn möglich, mittags eine Stunde Bettruhe und gehen Sie abends früh zu Bett (spätestens 22 Uhr).
- Verzichten Sie auf Alkohol und Kaffee, möglichst auch auf Nikotin. Höchstens eine Tasse dünner, schwarzer Tee am Morgen ist erlaubt.
- Fastenbrechen ist nach dem einen Fastentag nicht erforderlich, aber hören Sie am nächsten Tag auf die Signale Ihres Körpers. Er verlangt nur nach leichter, möglichst naturbelassener Kost.

Suchen Sie sich unter folgenden Alternativen Ihren Fastentag heraus. Sie können beliebig wählen zwischen Nulldiät, Frischobst-, Trinkmolke- oder Saftfastentag:

Fasten mit der Nulldiät

- Nach dem Aufstehen: ein Glas Mineralwasser mit einem Teelöffel Bitter- oder Glaubersalz
- Frühstück (nach der Morgentoilette): eine Tasse Rosmarintee (belebend) oder dünner schwarzen Tee
- Am Vormittag: zwei Gläser Mineralwasser oder zwei Tassen Kräutertee
- Mittags: zwei Gläser Mineralwasser
- Am Nachmittag: eine Tasse Kräutertee (kein Rosmarintee)
- Abends: zwei Gläser Mineralwasser
- Vor dem Zubettgehen: eine Tasse Melissen- oder Baldriantee (schlaffördernd)
- Erlaubt sind: Mineralwasser (beliebig viel), ungesüßter Kräutertee und etwas Schwarztee

Tip

Ein ansteigendes Fußbad regt den Kreislauf an, wenn abschließend mit einem kalten Wasserguß noch einmal ein zusätzlicher Reiz gesetzt wird.

Was tut uns gut? Schon ein einzelner Fastentag schärft die Sinne für die Wahrnehmung unserer natürlichen Bedürfnisse.

Tip
Wählen Sie je nach Jahreszeit Äpfel, Birnen, Orangen, Pflaumen oder Trauben. Sie können die Früchte auch mischen. Trinken Sie Mineralwasser erst einige Zeit nach Beendigung der Obstmahlzeit.

Frischobsttag

- Nach dem Aufstehen: Ein Glas Mineralwasser mit einem Teelöffel Bitter- oder Glaubersalz
- Frühstück (nach der Morgentoilette): Obstmahlzeit, hinterher ein bis zwei Gläser Mineralwasser
- Am Vormittag: Obstmahlzeit, danach eine Tasse Kräutertee ohne Honig
- Mittags: Obstmahlzeit, danach ein bis zwei Gläser Mineralwasser
- Am Nachmittag: Obstmahlzeit, eine Tasse Kräutertee
- Abends: Obstmahlzeit, ein bis zwei Gläser Mineralwasser
- Vor dem Zubettgehen: ein Glas Mineralwasser oder eine Tasse Baldriantee ohne Honig
- Erlaubt sind: etwa ein Kilogramm Obst pro Tag, verteilt auf drei bis fünf Obstmahlzeiten, beliebig viel Mineralwasser, Kräutertees

Obstsorten und ihre Nährwerte

Früchte	Kcal pro Kilogramm
Äpfel	500
Ananas	300
Bananen	650
Birnen	520
Erdbeeren	360
Honigmelonen	180
Johannisbeeren	500
Kirschen	520
Mandarinen	440
Orangen	390
Pfirsiche	420
Pflaumen	590
Wassermelonen	110
Weintrauben	500

Apfel-Möhren-Kur

Bei Magen-Darm-Problemen hat sich folgende Apfel-Möhren-Kur bewährt:

1

Essen Sie bis zu 1,5 Kilogramm Äpfel pro Tag oder die halbe Menge Äpfel zu gleichen Teilen gemischt mit Möhren.

2

Essen Sie fünf Portionen über den Tag verteilt. Bei Durchfall sollten Sie jede Portion fein reiben (Äpfel ohne Schale). Der hohe Pektingehalt des geriebenen Apfels wirkt stopfend. Wenn die Rohkost gerieben längere Zeit steht, verliert sie an Wert.

4

Trinken Sie zu jeder Mahlzeit einige Tassen Kräutertee und anschließend etwas Mineralwasser.

Trinkmolketag

- Nach dem Aufstehen: ein Glas Mineralwasser mit einem Teelöffel Glauber- oder Bittersalz
- Frühstück, nach der Morgentoilette: eine Tasse dünner schwarzer Tee oder Rosmarintee, gesüßt mit etwas Honig, Kurmolke
- Am Vormittag: Kurmolke, anschließend ein Glas frischgepreßter Obstsaft
- Mittags: Kurmolke, eine Tasse grüner Hafertee
- Am Nachmittag: Kurmolke, anschließend ein Glas frischgepreßter Obstsaft
- Abends: Kurmolke, zwei Tassen grüner Hafertee
- Vor dem Zubettgehen: eine Tasse Kräutertee (Baldrian oder Melisse)
- Erlaubt sind: etwa ein Liter Kurmolke, beispielsweise Heirler Diätkurmolke aus dem Reformhaus, die Sie beliebig auf fünf bis sieben Portionen verteilen können, zusätzlich beliebig viel natrium- und kohlensäurearmes Mineralwasser und Kräutertees

TIP
Grünen Hafertee erhalten Sie im Reformhaus. Er muß etwa 10 Minuten in etwas Wasser sieden, dann abseihen.

TIP
Die Kurmolke muß stets gut gekühlt sein (Kühlschrank). Trinken Sie die Kurmolke in kleinen Schlucken, besser ist noch löffeln.

Saftfastentag

Tip
Wer einen empfindlichen Magen hat, gibt etwas Hafer-, Reis- oder Leinsamenschleim dazu. So werden die Säfte besser vertragen.

100 Gramm Saft entsprechen ca. 100 Milliliter oder einem zehntel Liter.

- Nach dem Aufstehen: ein Glas Mineralwasser mit einem Teelöffel Glauber- oder Bittersalz, 100 Gramm Gemüsesaft und 50 Gramm Kräutersaft gemischt (oder 150 Gramm Gemüsesaft)
- Frühstück, nach der Morgentoilette: 60 Gramm Obstsaft
- Am Vormittag: 60 Gramm Obstsaft
- Mittags: 100 Gramm Gemüsesaft und 50 Gramm Kräutersaft gemischt (oder 150 Gramm Gemüsesaft)
- Am Nachmittag: 60 Gramm Obstsaft
- Abends, nicht später als 19 Uhr: 100 Gramm Gemüsesaft und 60 Gramm Obstsaft (getrennt)
- Vor dem Zubettgehen: 50 Gramm Kräutersaft (schlaffördernde Heilpflanzen) und ein Glas Mineralwasser
- Erlaubt sind: 750 Gramm (ein halber Liter) Obst-, Gemüse- und Kräutersäfte in drei bis fünf Portionen (je 300 Gramm Obst- und Gemüsesaft, 150 Gramm Kräutersaft) und beliebig zusätzliches Mineralwasser, mindestens zwei Liter

Tip
Sie können die Säfte auch mit dem Entsafter selbst herstellen, dann sollten Sie jedoch Obst und Gemüse täglich frisch einkaufen, denn bei längerer Lagerung gehen wertvolle Inhaltsstoffe verloren.

Das sollten Sie beim Saftfastentag beachten:

- Die Säfte müssen naturbelassen (ohne Konservierungsstoffe) und ungesüßt sein. Am besten kaufen Sie sie im Reformhaus oder in guten Lebensmittelabteilungen.
- Alle Säfte füllen Sie bitte im Verhältnis 1:1 mit Mineralwasser auf.
- Trinken Sie selbstgepreßte Säft unmittelbar nach der Herstellung. Keinesfalls Saft auf Vorrat pressen, er verliert schon an Wert, wenn er nur zehn Minuten lang steht.
- Welche Säfte Sie wählen, bleibt Ihnen überlassen. Sie können auch verschiedene Säfte mischen, aber mischen Sie nicht Obst- und Gemüsesäfte.

Obstsäfte und ihre Heilwirkung

Früchte und Beeren	Ihre Wirkung	Enthalten besonders reichlich Vitamine	Mineralstoffe
Ananas	Gute Haut und bessere Sehkraft	A, C	Kalium
Äpfel	Linderung von Durchfall, Entsäuerung	B6, C, Karotine*, Pantothensäure**	Kalium, Phosphor
Birnen	Entwässernd, blutdrucksenkend	A, C	Kalium
Brombeere	Durchfallhemmend, in den Atemwegen schleimlösend	C, Karotine	Kalium, Kalzium, Magnesium
Erdbeeren	Blutreinigend, entwässernd, nervenstärkend	C, Karotine	Kalium, Kalzium
Heidelbeeren	Durchfallhemmend	C, Karotine	Kalium, Kalzium
Himbeeren	Abwehrsteigernd, fiebersenkend	C	Kalium, Kalzium, Magnesium, Eisen
Holunder	Abwehrsteigernd	C	Kalium, Phosphor
Johannisbeeren	Entwässernd, blutdrucksenkend, kräftigend	C, Karotine	Kalium, Kalzium, Magnesium
Kirschen	Blutbildend	B6, C, Karotine, Pantothensäure	Kalium, Kalzium
Orangen	Abwehrsteigernd, nervenstärkend, bei Erschöpfungszuständen und Vitamin-C-Mangel	A, B6, C, Pantothensäure	Kalium, Kalzium
Pfirsiche	Hautverbessernd, entgiftend	B6, C, Karotine, Pantothensäure	Kalium
Pflaumen	Anregung eines trägen Darms	B1	Kalium
Weintrauben	Blutreinigend, entwässernd, kräftigend, blutbildend	A, C	Kalium, Natrium

* Karotine sind Vorstufen von Vitamin A (Provitamin A), die im Körper umgewandelt werden.
**Pantothensäure ist wasserlöslich und zählt zur Gruppe der B-Vitamine.

Abbauen und erneuern: Durch ihre Heilwirkung ergänzen Obst- und Gemüsesäfte das Stoffwechselgeschehen beim Fasten optimal.

Gemüsesäfte

Gemüse/Kräuter	Wirkung
Artischocke	Regt Gallenfluß und Entgiftung der Leber an, blutfettsenkend
Birke	Entwässernd, harntreibend
Brennessel	Entgiftend, entschlackend
Brunnenkresse	Entgiftend, entschlackend
Karotte	Heilend, entzündungshemmend, verbessert Hautfunktionen (bei Akne) und Sehkraft
Kartoffel	Bei übersäuertem Magen
Knoblauch	Beugt der Verengung der Arterien vor, blutdrucksenkend, keimtötend
Löwenzahn	Entwässernd, entgiftend
Meerrettich	Harntreibend, desinfizierend
Petersilie	Entwässernd, harntreibend
Rettich (schwarzer Winterrettich)	Entzündungshemmend, schleimlösend, hustenstillend
Sauerkraut	Regt träge Verdauung an
Sellerie	Entgiftend, entschlackend
Tomate	Normalisiert die Verdauung
Wacholder	Regt Gelenkstoffwechsel an (bei Rheuma und Arthrosen)
Weißdorn	Herzstärkend, durchblutungsfördernd
Zwiebel	Blutdrucksenkend

Schleimfastentag

- Nach dem Aufstehen: ein Glas Mineralwasser mit einem Teelöffel Bitter- oder Glaubersalz
- Frühstück (nach der Morgentoilette): Schleimsuppe, ein bis zwei Tassen Kräutertee
- Am Vormittag: 60 Gramm Obstsaft
- Mittags: Schleimsuppe, zwei Gläser Mineralwasser
- Am Nachmittag: zwei Tassen Kräutertee
- Abends: Schleimsuppe, anschließend ein bis zwei Gläser Mineralwasser
- Vor dem Zubettgehen: eine Tasse Kräutertee (schlaffördernd)
- Erlaubt sind: drei Teller Schleimsuppe (Hafer-, Leinsamen-, Reis- oder Weizenschleimsuppe; Rezepte siehe unten) nach Geschmack gewürzt; 60 Gramm Obstsaft, Kräutertees und beliebig viel natrium- und kohlensäurearmes Mineralwasser

Tip

Schleimfasten ist für Personen mit Magenproblemen besonders gut geeignet. Leiden Sie jedoch unter einem Magen- oder Darmgeschwür, dann sollten Sie auf das Fasten ganz verzichten.

Rezepte für Schleimsuppen (eine Portion)

Für den Schleimfastentag stehen die vier folgenden Schleimsuppenrezepte zur Auswahl. Sie können je nach Geschmack nur eine Art kochen oder aber abwechselnd alle vier.

Haferschleimsuppe

- Zutaten: einen halben Liter Wasser, drei Eßlöffel Haferflocken
- Zubereitung: Geben Sie die Haferflocken in das Wasser und bringen es zum Kochen. Fünf Minuten köcheln lassen, und die Masse durch ein Sieb streichen.
  Würzen Sie den Schleim beliebig mit einigen Körnchen Salz, Hefeextrakt, etwas Honig, Obst- oder Gemüsesaft. Löffeln Sie den Haferschleim, oder trinken Sie ihn in kleinen Schlucken.

Wenn Sie bei einer Fastenkur unter leichten Magenbeschwerden leiden sollten, hilft oft schon ein kleiner Schluck einer der nebenstehenden Schleimsuppen. Kochen Sie sich daher einen kleinen Vorrat, füllen Sie ihn in eine Thermoskanne zum Warmhalten, und stellen Sie diese neben Ihr Bett. Jetzt können Sie bei Bedarf auch nachts einen kleinen Schluck nehmen.

Leinsamenschleimsuppe

- Zutaten: einen halben Liter Wasser, 15 bis 20 Gramm (zwei bis drei Eßlöffel) feingeschroteten oder aufgebrochenen Leinsamen (z.B. Linusit aus dem Reformhaus)
- Zubereitung: Geben Sie den Leinsamen ins Wasser und bringen es zum Kochen. Fünf Minuten in einem hohen Topf köcheln lassen. Anschließend den Topf vom Herd nehmen und einige Minuten stehen lassen. Die Samen mit einem Sieb entfernen und den Schleim löffeln oder in kleinen Schlucken trinken.
  Die Leinsamenschleimsuppe wie die Haferschleimsuppe würzen und entweder löffeln oder in kleinen Schlucken trinken.

Reisschleimsuppe

- Zutaten: einen halben Liter Wasser, drei Eßlöffel Reis
- Zubereitung: Geben Sie den Reis ins Wasser und bringen es zum Kochen. Dann 20 Minuten auf kleinster Flamme köcheln lassen. Danach vom Herd nehmen und die Masse durch ein Sieb streichen.
  Die Reisschleimsuppe wie die Haferschleimsuppe würzen und anschließend entweder löffeln oder in ganz kleinen Schlucken trinken.

Weizenschleimsuppe

- Zutaten: einen halben Liter Wasser, drei Eßlöffel Weizenschrot
- Zubereitung: Verrühren Sie den Weizenschrot mit kaltem Wasser und bringen es zum Kochen. Anschließend zwei Minuten köcheln lassen, dabei immer wieder umrühren, vom Herd nehmen. Die Weizenschleimsuppe durch ein Sieb streichen.
  Die Suppe anschließend wie die anderen Schleimsuppen je nach Vorliebe würzen und dann löffeln oder in kleinen Schlucken trinken.

Das 10-Tage-Programm

Vorüberlegungen

Wenn Sie einmal den festen Entschluß gefaßt haben, daß Sie fasten wollen, so ist das Wichtigste bereits getan. Die Durchführung des 10-Tage-Programms ist dann vergleichsweise einfach. Freuen Sie sich auf die Kur, denn schließlich geht es um Sie ganz persönlich, um Ihre Gesundheit, Ihr Wohlbefinden und Ihr geistig-seelisches Erleben.

Denken Sie daran, daß Fasten leicht ist. Das erwartete Hungergefühl wird sicherlich schnell überwunden sein. Etwas schwieriger wird es, auf die gewohnte Motorik, den Kautrieb, beim Essen zu verzichten. Doch dafür werden Sie nach dem Fasten bewußt und mit doppelter Freude einfachste Mahlzeiten genießen. Machen Sie sich noch einmal klar, was der Zweck Ihrer Kur ist, dann fällt es um so leichter, den Gedanken an das Fasten in die Tat umzusetzen.

Warum wollen Sie fasten?

Zutreffendes bitte ankreuzen.

- **Zur allgemeinen Gesundheitsvorsorge** ❒
- **Zur Steigerung des Wohlbefindens** ❒
- **Um innere Ausgeglichenheit zu erlangen** ❒
- **Zur langfristigen Stabilisierung des Körpergewichts** ❒
- **Zur Gewichtsabnahme** ❒
- **Um leichte Gesundheitsstörungen zu kurieren** ❒
- **Um mit krankmachenden Ernährungsgewohnheiten zu brechen** ❒
- **Aus religiösen oder anderen Gründen** ❒

Die Tage vor Neumond sind die besten, um eine Fastenkur durchzuführen.

Es gibt viele Gründe, aus denen man fasten will. Überlegen Sie sich einen oder mehrere Punkte, die Sie veranlassen, eine Fastenkur durchzuführen – das steigert die Motivation und Ihr Durchhaltevermögen.

Wer darf fasten?

Wichtig
Zwingen Sie sich nicht zum Fasten. Sie müssen es von innen heraus wollen. Nur dann erreichen Sie das Fastenziel und genießen später den vollen Fastenerfolg. Andersherum sollten Sie auch andere nicht zum Fasten drängen. Das hat oft sogar gegenteilige Wirkung, nämlich Ablehnung, zur Folge. Besser ist, wenn Sie ohne viel Worte als Beispiel vorangehen.

Grundsätzlich kann jeder Erwachsene, der sich gesund fühlt, selbständig dieses 10-Tage-Programm durchführen.
Wer Zweifel hat, was seine Gesundheit anbelangt, oder auf Nummer sicher gehen will, sollte sich vor der Kur von seinem Arzt oder Heilpraktiker untersuchen lassen.

Nur unter ärztlicher Aufsicht sollte eine Fastenkur machen:

- Wer sich nicht gesund fühlt
- Wer in ärztlicher Behandlung ist
- Wer chronisch krank ist
- Wer regelmäßig Medikamente einnehmen muß.

Der richtige Zeitpunkt

Nach dem Mondkalender ist während des abnehmenden Mondes die beste Zeit, um mit einer Fastenkur zu beginnen. Neumond ist dann der richtige Termin, um die Kur zu beenden und einen Neubeginn zu starten.
Für viele ist das Frühjahr der richtige Termin für eine Fastenkur, weil sie im Winter, in der bewegungsarmen Zeit, zugenommen haben. Jetzt wollen sie sich wieder im Bikini oder in der Badehose sehen lassen können. Außerdem hilft eine Fastenkur dem Körper bei der Umstimmung von der kalten auf die warme Jahreszeit, was mit einer Reihe von Änderungen im Stoffwechselgeschehen einhergeht.

- Die meisten Menschen empfinden es als angenehmer, während der wärmeren Jahreszeiten zu fasten, da man beim Fasten leicht etwas friert. Außerdem hat man, wenn es draußen warm ist, ohnehin das Bedürfnis nach leichten Mahlzeiten oder nur nach Flüssigem.
- Nach Otto Buchinger fasten jene Menschen am besten und am leichtesten im Frühjahr, die ein inniges Verhältnis

zur Natur haben. Mit dem Wiedererwachen der Natur, dem jungen, frisch sprießenden Grün wächst bei ihnen auch das Bedürfnis, Körper und Geist zu reinigen und zu erneuern.

- Der Sommer gilt als beste Fastenzeit für realistische Menschen, die mit beiden Beinen fest im Leben stehen.
- Im Herbst fasten künstlerisch veranlagte Menschen gerne.
- Der Winter ist nach Buchinger die optimale Fastenzeit für Übergewichtige, denn sie verfügen über ausreichend Nahrungsreserven, um Minusgrade plus Fasten gut verkraften zu können, ohne übermäßig zu frieren.

ACHTUNG

Auch Gesunde sollten ohne ärztliche Aufsicht nicht länger als sechs, höchstens sieben Tage (reine Fastentage) fasten.

Fasten und Alltag

Sie können die Kur selbstverständlich machen, während Sie berufstätig sind. Manche ziehen das sogar vor, da man dann abgelenkt ist und nicht ans Essen denkt. Berufstätige sollten aber damit rechnen, daß sie in der Fastenzeit manchmal gereizt und unkonzentriert sein können. Außerdem muß man unter Umständen mit kulinarischen Versuchungen fertig werden wie Brotzeit, Kaffee und Kuchen der Kollegen oder dem Kantinenessen.

- Auf keinen Fall im Alltag fasten sollten Menschen, die im Beruf stark beansprucht sind, die Maschinen bedienen müssen und die unmittelbar Verantwortung für andere Menschen tragen, z.B. Männer und Frauen in folgenden Berufen: Fluglotsen, Artisten, Lkw- und Busfahrer, Kranführer, Piloten, Dachdecker oder Schwerarbeiter.

Sie können problemlos im Berufsleben bzw. Alltag fasten, aber noch intensiver ist das Fastenerleben, wenn Sie in Ruhe im Urlaub Ihre Kur durchführen.

Gönnen Sie sich Ruhe!

Wollen Sie eine umfassende Wirkung auf Körper, Geist und Seele erzielen, so ist es von Vorteil, wenn Sie für die Kur einige Tage Urlaub opfern. Sie werden feststellen, daß Ihre Gedanken um so klarer werden, je weniger Sie essen. Wenn

Sie nicht in berufliche Verpflichtungen eingebunden sind, haben Sie Zeit, einmal Ihre Gedanken schweifen zu lassen und so zu sich zu finden.

Wie häufig können Sie fasten?

Empfehlenswert ist es, wenn das 10-Tage-Programm einmal im Jahr durchgeführt wird, aber auch einmal pro Halbjahr oder sogar noch öfter wird von vielen als angenehm empfunden.

Mit oder ohne Partner?

In Gesellschaft fasten fällt leichter. Wenn Sie in Ihrer Umgebung niemanden gewinnen können – Volkshochschulen, Krankenkassen und Kirchengemeinden bieten Fastenkurse an.

Grundsätzlich ist es sinnvoll, wenn Sie mit Ihrem Partner oder Ihrer Partnerin zusammen fasten oder auch einer Freundin oder Berufskollegin. Das erleichtert das Durchhalten besonders an den ersten beiden, etwas kritischen Fastentagen. Vielleicht werden Sie gemeinsame Unternehmungen organisieren oder sich abends zum Sport treffen.

Auch Volkshochschulen, städtische Gesundheitsparks und kirchliche Einrichtungen bieten Fastenkurse an. Hier bekommen Sie theoretische und praktische Fastenführung, und allabendlich beim Fastertreff werden Erfahrungen und eventuell auftretende Schwierigkeiten ausgetauscht.

Auf jeden Fall sollten Sie Ihrer Familie Bescheid sagen. Und weisen Sie darauf hin, daß Sie vielleicht etwas anders sind als sonst. Falls Sie normalerweise das Essen zubereiten, können Sie es eventuell so arrangieren, daß Sie nicht kochen müssen. Aber nach ein bis zwei Tagen des Fastens bewerkstelligen Sie auch das, ohne in Versuchung zu geraten.

- Generell gilt: Personen, die dem Fasten, aus welchen Gründen auch immer, ablehnend gegenüberstehen, sollte man am besten gar nicht in die eigenen Fastenpläne ein-

Einkaufszettel für die reinen Fastentage

Die Einkaufsliste für den Entlastungstag (Seite 66) stellen Sie bitte selbst zusammen, je nachdem, welchen Speiseplan Sie wählen.

Das haben Sie wahrscheinlich zu Hause:
Zitrone, Honig, schwarzer Tee, Vitam Hefewürze, Vollsalz, Kartoffeln, Gewürze (Lorbeerblätter, Wacholderbeeren, Pfefferkörner).

Das müssen Sie noch besorgen:
Glauber- oder Bittersalz, Sauerkrautsaft, Molke oder Buttermilch, Kräutertees (verschiedene Sorten), Obst-, Gemüse- und Kräutersäfte, reichlich Mineralwasser, Gemüse für die Fastenbrühe (Sellerie, Petersilienwurzel, Fenchel, Karotten, Lauch), frische Petersilie.

TIP
Legen Sie Ihre Fastenkur zeitlich so, daß Geburtstagsfeiern, Familienfeste etc. nicht kurz vor, während und eine Woche nach der Kur stattfinden.

weihen. Es ist dem eigenen Schwung nicht zuträglich, wenn einem ständig gesagt wird, daß man sich gesundheitlich ruiniere, schon richtig verhungert aussehe und doch endlich etwas essen sollte.

Eine Fastenkur sollten Sie von Anfang an richtig planen: was Sie einkaufen müssen, wann und wie Sie die Kur durchführen wollen, welche Punkte Sie besonders beachten müssen, und was Sie während des Fastens noch Gutes für sich tun können.

Vorbereitungen

Das ist zu tun, ehe die eigentliche Fastenkur beginnt:

- Geben Sie Ihrer Familie von Ihrem Vorhaben Bescheid.
- Sagen Sie Einladungen für die Kurwoche ab.
- Wählen Sie möglichst einen Raum oder eine gemütliche Ecke, in die Sie sich allein zurückziehen können, eventuell auch nachts.
- Kaufen Sie die Dinge ein, die auf dem Einkaufszettel stehen.
- Gönnen Sie sich einen bunten Blumenstrauß.
- Nehmen Sie sich fest vor, die geplante Kur auch durchzuhalten.
- Legen Sie ein Heft für das Fastenprotokoll an.

Das Fastenprotokoll

Das Fastenprotokoll ist ein Tagebuch, das Sie während des Fastens führen. Erst durch das Niederschreiben nehmen flüchtige Gefühle und vage Gedanken konkret Gestalt an. Dadurch wird Ihnen so manches erst richtig klar.
Anhand dieses Protokolls werden Sie Erkenntnisse gewinnen, die nicht nur Ihr Verhältnis zur Nahrung betreffen oder zu Ihrem Körper, sondern auch Grundsätzliches und Persönliches: Ängste, Wünsche, die Stellung in der Familie, das Verhältnis zum Partner usw. Lassen Sie sich überraschen.

Tip
Nutzen Sie das Fastentagebuch, um sich über Anlaß und Ziel Ihrer Kur klarzuwerden. Je bewußter Sie sich zum Fasten entschlossen haben, desto leichter fällt Ihnen das Durchhalten.

Das steht im Fastenprotokoll:

- Ihre Gründe, die Sie zum Fasten bewogen haben, auch Ihre Zweifel und Ängste, Ziele und Hoffnungen
- Die täglichen Mahlzeiten und Getränke
- Der jeweilige Tagesverlauf mit den Ereignissen, persönlichen Eindrücken, Erfahrungen, Gefühlen und Träumen
- Ihr tägliches Gewicht
- Wie kamen Sie mit dem Fasten zurecht? Was ist Ihnen leicht/nicht leicht gefallen?
- In welcher Hinsicht gab es Probleme?

Damit müssen Sie rechnen

- **Essen und Trinken von Familienangehörigen**
- **Ratschläge von Arbeitskollegen oder Verwandten, die Sie von der Kur abbringen wollen**
- **Eventuell vorübergehend labiler Kreislauf**
- **Manchmal geringere Konzentrations- und Reaktionsfähigkeit. Vorsicht beim Autofahren!**
- **Empfindsameres Reagieren auf laute Geräusche und bei Auseinandersetzungen**
- **Leichtes Frieren (auf warme Kleidung achten!)**
- **Gelegentlich starkes Schwitzen.**

Während der Kur bitte beachten

Positives Denken

Beschäftigen Sie sich während der Fastenkur nicht mit der Steuererklärung, Beziehungsstreß, der Versetzungsgefahr der Kinder, Krankheiten oder anderen Problemen. Das ist dem Kurerfolg abträglich, und wahrscheinlich sehen Sie nach der Kur ohnehin manches in einem anderen Licht.

Genussgifte

Verzichten Sie strikt auf Alkohol und wenn irgend möglich auch vollständig auf Nikotin.
Alkohol belastet die Leber. Die Leber aber ist mit der Entgiftung und Entschlackung, dem Abbau und der Ausschleusung denaturierter Eiweiße bereits voll ausgelastet.
Aus dem gleichen Grunde und, weil es die Herzrhythmik zu sehr beansprucht, sollte auch auf Bohnenkaffee verzichtet werden.

Medikamente

Wer fastet, sollte möglichst keine Medikamente nehmen. Wer regelmäßig Tabletten einnimmt, sollte nur unter ärztlicher Aufsicht fasten.

Heimliches Naschen

Wer während des Fastens das Falsche oder viel auf einmal ißt (z.B. ein dreigängiges Menü mit schwerverdaulichen Speisen wie Schweinebraten mit Gurkensalat), muß mit ernsthaften gesundheitlichen Schäden rechnen. Auf jeden Fall aber macht es den Fastenerfolg zunichte.

Trinkmahlzeiten

Sie nehmen zu den Mahlzeiten in der Regel nur Flüssiges zu sich.
Aber es sind dennoch Mahlzeiten.
Setzen Sie sich früh, mittags und abends wie gewohnt an den Tisch, und lassen Sie sich Zeit für Ihr Fastenmahl.
Nehmen Sie immer nur kleine Schlucke, oder löffeln Sie Ihr Fastengetränk.
Trinken Sie außerhalb der Mahlzeiten mehr als der Durst verlangt.

»Fasten ist der stärkste Appell an die natürlichen Selbstheilungs- und Selbstregenerationskräfte des Menschen, sowohl seelisch als auch leiblich« (Dr. Heinz Fahrner, Arzt für Naturheilverfahren und Fastenarzt).

Der Kuraufbau

Das 10-Tage-Programm besteht aus einem Entlastungstag, fünf Fastentagen, einem Tag Fastenbrechen und drei Aufbautagen. Es basiert vorwiegend auf der erprobten Fastenmethode nach Otto Buchinger. Sie können jedoch auch auf verschiedene Alternativen ausweichen.

Der Entlastungstag – zur Ruhe kommen

Eine erfolgreiche Fastenkur sollte Entlastungs- und Fastentage sowie Fastenbrechen und Aufbautage einhalten. Dieser Kuraufbau ist vielfach erprobt und bewährt.

Der Entlastungstag ist ein Umstellungstag. Sie werden heute nicht nur Ihre Ernährung umstellen, indem Sie möglichst einfach und wenig essen und den Körper so einstimmen auf die kommenden Fastentage. Sie sollten sich auch innerlich umstellen. Schütteln Sie, wenn es möglich ist, all Ihre Verpflichtungen, den Alltag, ab. Gestatten Sie sich, Sie selbst zu sein. Sie werden sehen, das klappt nicht immer auf Anhieb. Sie werden vielleicht einige Tage dazu brauchen. Aber fangen Sie heute damit an.

Tun Sie einfach, was Ihnen beliebt, bewegen Sie sich, schlafen oder meditieren Sie. Hören Sie auf die Bedürfnisse Ihres Körpers. Anfangs haben Sie vielleicht Schwierigkeiten, seine Signale zu deuten. Lesen Sie ein gutes Buch, eventuell über die positiven Auswirkungen des Fastens, das motiviert. Machen Sie sich auf jeden Fall mit den Regeln des Fastens vertraut.

Zum Speiseplan des Entlastungstages:

- Essen Sie wenig und einfach. Obst, rohes Gemüse, Reis oder Kartoffeln (Rezepte Seite 68) sollten im Vordergrund stehen – dazu Quark, Joghurt, Knäcke- oder Vollkornbrot.
- Essen Sie kein Fleisch und keine Wurst, damit nicht Reste von tierischem Eiweiß im Darm verbleiben. Das fördert Fäulnisvorgänge.

- Essen Sie dreimal täglich einen Eßlöffel geschroteten Leinsamen oder Linusit (feinaufgebrochenen Leinsamen), verrührt in Magermilchjoghurt oder einem Glas Buttermilch. Der Leinsamen bindet Giftstoffe im Darm und fördert durch seinen hohen Ballaststoffanteil deren Ausscheidung.
- Trinken Sie viel (zweieinhalb bis drei Liter am Tag) – kohlensäurearmes Mineralwasser, Kräutertee ohne Zucker.

Worauf Sie am Entlastungstag achten sollten:

- Essen Sie nur, wenn Sie wirklich Hunger haben, nicht weil gerade Essenszeit ist.
- Decken Sie den Tisch hübsch und speisen in aller Ruhe.
- Verzehren Sie die Speisen langsam, und kauen Sie gründlich. Legen Sie nach jedem Bissen Messer und Gabel aus der Hand.
- Essen Sie immer nur soviel, bis eine leichte Sättigung eintritt. Lassen Sie den Rest auf dem Teller.
- Trinken Sie höchstens am Morgen eine Tasse schwarzen Tee oder Kaffee.

Der Entlastungstag soll Ihren Körper auf die folgenden Fastentage einstimmen; auch bereitet er den Darm und die anderen Entgiftungsorgane auf die Kur vor.

Vielleicht verzichten Sie auch auf das Fernsehen. Hören Sie statt dessen Musik, oder lesen Sie ein gutes Buch.

Für den Entlastungstag stehen fünf verschiedene Programme zur Verfügung: Obst-, Rohkost-, Reis-, Kartoffel- oder Mischkosttag. Wählen Sie ganz nach Ihrem Geschmack.

Tip

Essen Sie am Obsttag abends eine Banane, das bindet die Säuren.

- Lassen Sie Zwischenmahlzeiten ausfallen, oder ersetzen Sie sie durch Obst bzw. Rohkost.
- Gehen Sie mindestens eine halbe Stunde spazieren, oder bewegen Sie sich auf andere Weise an der frischen Luft (Tennis, Tischtennis, Joggen).
- Stimmen Sie sich gedanklich auf die Fastentage ein.

Unter den folgenden Speisevorschlägen können Sie wählen:

Obsttag

Gewebeentwässernd, entschlackend

- Morgens/mittags/abends: Essen Sie zwei bis drei Pfund Obst am Tag, verteilt auf drei Mahlzeiten
- Wählen Sie Obst nach Belieben: Orangen, Äpfel, Birnen, Feigen, Bananen, Pflaumen, Beeren etc.
- Trinken Sie Mineralwasser immer erst einige Zeit nach Beendigung der Obstmahlzeit

Rohkosttag

- Morgens: Obst, Obstsalat oder Bircher-Müsli
- Mittags/abends: Rohkost aus Blattsalaten, geraspelten Karotten etc., rohem Sauerkraut, angemacht mit Öl, Zitrone, Kräutern und Gewürzen

Reistag

Gewebeentwässernd

- Morgens: 50 Gramm Milchreis, in Milch gegart, ohne Salz und Zucker, eventuell mit etwas Zimt und gedünsteten Äpfeln oder Apfelmus ohne Zucker
- Mittags: 50 Gramm Reis, in Wasser gegart, ohne Salz, dazu gedünstete Tomaten oder Karotten, gewürzt mit Kräutern und eventuell Hefeflocken

- Abends: 50 Gramm Reis ohne Salz in Wasser gegart, eventuell mit Zimt, gedünsteten Äpfeln oder Apfelmus ohne Zucker

Kartoffeltag

Bei Gewebeübersäuerungen, z.B. Gicht und Harnsäureerhöhungen

- Morgens: zwei bis drei Pellkartoffeln, frisch gekocht und geschält, gewürzt mit frischen Kräutern (Petersilie, Dill, Schnittlauch) und etwas Kräutersalz
- Mittags: Pellkartoffeln mit Kräutern (wie oben) und Hefeflocken, dazu gedünstetes Gemüse, z.B. Tomaten, Karotten oder Chicorée
- Abends: wie morgens

Mischkosttag

- Morgens: Bircher-Müsli
- Mittags: Rohkostplatte, Pell- oder Kümmelkartoffeln, Kräuterquark
- Abends: Obst- oder Obstsalat mit geschrotetem Leinsamen, ein Magermilchjoghurt, ein Knäckebrot

Rezept für das Bircher-Müsli

- Zutaten: zwei Eßlöffel kernige Haferflocken, ein Becher Magermilchjoghurt (oder eine Tasse Milch), ein kleiner Apfel, ein Teelöffel gehackte Nüsse, ein Teelöffel Honig oder eingeweichte Rosinen, ein Teelöffel frischen Zitronensaft
- Zubereitung: Den Apfel gut waschen und mit der Schale raspeln. In eine Schüssel den Joghurt (oder die Milch), die Haferflocken, den geriebenen Apfel sowie die gehackten Nüsse geben und gut vermischen. Den Honig oder die eingeweichten Rosinen (ohne Einweichwasser) sowie den frischen Zitronensaft darunterrühren.

Tip

Sie können die Nüsse und die Obstsorten für das Birchermüsli beliebig variieren und die Haferflocken durch Kollathflocken oder frisch geschrotete Getreidekörner ersetzen.

Allgemeiner Ablauf des Entlastungstages

Tip
Denken Sie sich eine Belohnung aus, die Sie sich gönnen, wenn die Kur zu Ende ist: ein Wochenendurlaub, etwas zum Anziehen, ein Buch, das Sie schon immer haben wollten.

- Morgens: Wiegen Sie sich gleich nach dem Aufstehen (mit entleerter Blase), und notieren Sie Ihr Startgewicht im Fastenprotokoll
- Vormittags: 30 Minuten Spazierengehen oder leichtes Laufen
- Mittags: eineinhalb bis zwei Stunden Mittagsruhe; wenn Sie nicht schlafen wollen oder können, ruhen Sie sich aus, oder lesen Sie Entspannendes
- Nachmittags: 30 Minuten Spazierengehen, leichtes Laufen, Schwimmen, Tischtennis o.ä.
- Abends: Entspannungsbad, Lektüre über das Fasten

Die reinen Fastentage

Der erste Fastentag – alles loswerden

Tip
Wer wirklich starken Hunger verspürt, kann noch einmal die Glauber- oder Bittersalzlösung (1 EL auf 1 Glas Wasser) trinken oder einen Einlauf machen.

Der erste Fastentag beginnt mit einer gründlichen Darmreinigung. Durch die Einnahme von Glauber- oder Bittersalz kommt es zu mehreren Darmentleerungen. Sie haben zur Folge, daß der Körper des Fastenden sich innerlich umstellt: von der Aufnahme von Nährstoffen auf die Ausscheidung von Schlacken und Giftstoffen. Nach der Darmreinigung schwinden auch anfängliche Hungergefühle. Das ist das Signal des Körpers, daß die Umstellung vollzogen wird.
Wenn am ersten oder zweiten Fastentag noch Hunger auftritt, trinken Sie Wasser oder einige Schluck Buttermilch. Oder Sie lenken sich einfach vom Hunger ab, rufen einen Freund oder eine Freundin an, lesen ein Buch, machen einen Spaziergang. Denken Sie daran, daß Ihr Körper hat, was er braucht. Öffnen Sie sich für die neue Erfahrung des Fastens. Bald werden Sie merken, daß alles wie sonst ist, nur daß Sie nichts essen.

Das sogenannte Glaubern

- Das Glaubersalz ist benannt nach dem Alchimisten Johann Rudolf Glauber (1604–1670), der seine Wirkung entdeckt hat. Sie erhalten es in der Apotheke.
- Normalgewichtige geben 20 bis 30 Gramm Glaubersalz in einen halben Liter lauwarmes Wasser.
- Wer öfters Verstopfung hat oder unter einer trägen Verdauung leidet, nimmt 40 Gramm auf einen halben Liter Wasser.
- Einige Spritzer Zitrone verbessern den Geschmack.
- Trinken Sie die Lösung gleich nach dem Aufstehen langsam in kleinen Schlucken.
- Trinken Sie, wegen des bitteren Geschmacks, dazwischen und danach ungesüßten Pfefferminztee oder etwas Obstsaft.
- Es kommt daraufhin im Verlauf des Vormittags zu mehreren, oft dünnflüssigen Darmentleerungen. Es ist daher besser, Sie bleiben in der Nähe einer Toilette.
- Ruhen Sie sich anschließend mit einer Wärmflasche auf den Füßen etwas aus.
- Oder Sie versuchen die Darmentleerung zu erreichen, indem Sie auf nüchternen Magen ein kleines Glas (ein Achtelliter) Sauerkrautsaft, Molke oder Buttermilch trinken.

Der zweite Fastentag – Ballast abwerfen

Wirklicher Hunger ist sehr selten am zweiten Fastentag. Unangenehm ist nur der Gedanke an den Verzicht, der sich regt etwa beim Anblick der Obstschale oder der leckeren Gerichte auf dem Kochbucheinband. Nicht Hunger ist es, den wir spüren, sondern der Wunsch nach etwas, das man haben möchte, nach Konsum. Es ist gut, das erkannt zu haben. Mit dem Nichtessen verschwinden allmählich auch andere Konsumwünsche. Wer hat schon Lust, sich jetzt etwas Neues zum Anziehen zu kaufen, der Schrank ist ohnehin zu voll. Im Moment will man eher abgeben: Großreinemachen.

ACHTUNG

Wer im Magen-Darm-Bereich besonders empfindlich ist, sollte auf die Glaubersalzlösung verzichten und statt dessen lieber einen Einlauf machen.

TIP

Einläufe, die mit 1 EL Bullrichsalz spezial durchgeführt werden, haben eine stark entsäuernde Wirkung.
Möglich ist auch eine sogenannte salinische Darmberieselung nach Mayr. Dazu löst man 1 TL F.X.Passagesalz (aus der Apotheke) in 1/4 l warmem Wasser auf und trinkt es auf nüchternen Magen.

Tip
Einläufe können Sie auch zwischendurch, z.B. bei Fastenkrisen oder Hungergefühlen, durchführen.

Darmreinigungsplan

Fastentage	Massnahme (am Morgen)	Alternative
1. Tag	20–40 g Glauber- oder Bittersalz	Einlauf, ein Achtelliter Sauerkrautsaft, Molke oder Buttermilch
2. Tag	Keine	Keine
3. Tag	Einlauf	Ein Achtelliter Sauerkrautsaft, Molke, Buttermilch oder ein Teelöffel Glauber- oder Bittersalz
4. Tag	Keine	Keine
5. Tag	Einlauf	Ein Achtelliter Sauerkrautsaft, Molke oder Buttermilch oder ein Teelöffel Glauber- oder Bittersalz

Tip
Frauen, die normalerweise morgens die Pille nehmen, sollten die Einnahme erst drei Stunden nach dem Glaubersalztrank vornehmen – bei früherer Einnahme ist die verhütende Wirkung nicht mehr garantiert.

- Wer tagsüber an Schwarztee oder Kaffee gewöhnt ist, wird etwas müder sein als sonst. Entweder geben Sie diesem Bedürfnis nach und ruhen sich einmal richtig aus. Oder Sie machen jetzt die Erfahrung, daß man die Schläfrigkeit auch mit Bewegung an der frischen Luft vertreiben kann. Eigentlich braucht man gar nicht so viel Kaffee! Wer friert, packt sich gut ein.
- In den ersten zwei bis drei Fastentagen ist die Gewichtsabnahme am stärksten, denn der Entlastungstag und die Darmreinigung durch Glaubersalz am ersten Fastentag wirken vor allem entwässernd. Aber die Gewichtsabnahme sollte bei der Fastenkur nicht im Vordergrund stehen, sie ist nur ein Nebeneffekt. Viel wichtiger sind die Entschlackung und Entgiftung des Körpers, wodurch möglichen Krankheiten der Nährboden entzogen wird.

Der dritte Fastentag – über den Berg

Heute, wie auch am fünften Fastentag, machen Sie morgens zur Entleerung und Säuberung des Dickdarms einen Einlauf. Auf diese Weise werden giftige Abfallprodukte aus dem Verdauungskanal entfernt, da ja während des Fastens nur selten eine natürliche Darmentleerung erfolgt. Sie ist aber wichtig, denn andernfalls könnte es zu einer »Rückvergiftung« des Körpers aus dem Darm durch Stoffwechselreste und aus den Geweben gelöste Giftstoffe kommen. Sie äußern sich in Kopf- und Gliederschmerzen, Nervosität und Verstimmungen.

- Wer den Einlauf nicht machen kann, sollte versuchen, den Darm am dritten und fünften Fastentag durch Trinken von einem Achtelliter Molke, Sauerkrautsaft oder Buttermilch zur Entleerung anzuregen.
- Wenn das auch nicht anschlägt, geben Sie einen gehäuften Teelöffel Bitter- oder Glaubersalz auf ein Glas Wasser, und trinken Sie die Lösung in kleinen Schlucken. Die anderen Methoden (Einlauf, Sauerkrautsaft, Molke, Buttermilch) sind allerdings dem Bittersalz vorzuziehen, denn die Salze stören die normale Darmaktivität, sollten also möglichst selten eingesetzt werden.

TIP
Die Glaubersalzlösung ist besser verträglich, und die Einnahme kostet weniger Überwindung, wenn Sie etwas Zitrone hinzugeben.

Sie werden heute feststellen, daß Sie an Lebensmittelgeschäften vorbeigehen können, ohne daß sich Bedürfnisse melden. Sie könnten für die Familie kochen oder sogar jemanden in die Pizzeria begleiten. Ein schönes Gefühl, das alles ansehen zu können, ohne es haben zu mussen.

Bei manchen zeigen sich leichte Krisenerscheinungen:

- Sehstörungen rühren vom gesunkenen Augeninnendruck. Sie sind aber nur vorübergehend.
- Gegen Schwächeanfälle hilft z.B. ein kalter Bein- oder Gesichtsguß oder ein halber Teelöffel Honig.
- Man fühlt sich manchmal kraftlos in den Beinen; auch Geräusche regen einen schnell auf.

Tip

Gehen Sie es langsam an. Gönnen Sie sich Pausen. Aber bleiben Sie jetzt nicht einfach im Bett liegen. Aktivität hilft besser über Schwächen hinweg. Trinken Sie 1 Tasse Tee mit 1 TL Honig.

Die ersten Fastentage können zwar manchmal kritische Tage sein. Aber richtige Fastenkrisen stellen sich erst bei längeren Fastenperioden (zwei und mehr Wochen) ein. Es kann jedoch vorkommen, daß während der Fastentage die Symptome von längst ausgeheilt geglaubten Leiden noch einmal aufflackern.

Erst jetzt werden die letzten Reste dieser Krankheiten überwunden und verschwinden für immer. Auch leichte Depressionen können sich bemerkbar machen. Ihnen begegnet man am besten mit Aktivität. Ein Spaziergang an der frischen Luft vertreibt die trüben Gedanken.

Der vierte Fastentag – Gewinn aus Verzicht

- Sie erleben die Natur neu. Sie schauen genauer hin, Sie riechen feiner, Sie fühlen sich lebendiger. Sie können sich selbst distanziert betrachten, von außen. Sie erleben sich mitsamt Ihren Vorzügen und Fehlern. Sie können sich annehmen, wie Sie sind, aber Sie beschließen trotzdem, einiges zu ändern. Das ist kein Widerspruch mehr.
- Ihr Gesicht hat sich verändert: es ist gesammmelt, schmaler, ja, auch älter als sonst (das gibt sich wieder). Die Augen sind größer und haben einen seltsamen Glanz.
- Der Belag auf der Zunge wird grau-weiß.

Tip

Am besten fastet man so lange, bis der Zungenbelag verschwunden ist. In der Regel passiert dies am fünften Tag.

Der fünfte Fastentag – Energie und Lebensfreude

Heute ist der letzte Fastentag. Er beginnt wieder mit einem Einlauf. Sie haben das Gefühl, Sie könnten noch ein, zwei Tage weiterfasten – problemlos. Wer möchte, kann das auch tun. Die anderen gehen am Nachmittag auf den grünen Markt – zum Einkaufen für das Fastenbrechen und die Aufbautage. Sie werden sehen, daß Ihnen der Gang über den Markt keine Probleme bereitet, sondern daß große Freude beim Gedanken an den Apfel, in den man morgen hineinbeißen darf, aufkommt.

So machen Sie einen Einlauf

DAS BRAUCHEN SIE

- Irrigator mit Schlauch und Darmrohr aus der Apotheke oder einem medizinischen Fachhaus
- Fettcreme
- Körperwarmes Wasser

ANWENDUNG

- Füllen Sie in den Einlaufbehälter etwa einen Liter körperwarmes Wasser.
- Hängen Sie den gefüllten Einlaufbehälter an die Türklinke oder den Handtuchhalter.
- Reiben Sie das Darmrohr am Schlauchende und den After mit Fettcreme ein.
- Knien Sie auf einem Bein, das andere Bein wird angestellt, und pressen Sie wie zum Stuhlgang.
- Anschließend führen Sie das Darmrohr bis zum Ansatz vorsichtig ein.
- Knien Sie sich nun mit beiden Beinen auf den Boden, und stützen Sie sich mit beiden Ellbogen gut ab.
- Jetzt können Sie das Wasser langsam einlaufen lassen.
- Versuchen Sie das Wasser eine Weile im Darm zu behalten.
- Nach einigen Minuten (zwei bis fünf) müssen Sie zur Toilette.
- Hinterher sollten Sie etwa 20 Minuten ruhen. Legen Sie sich eine Wärmflasche zur Entspannung auf den Bauch.

TIP
Das Zubehör für den Einlauf erhalten Sie in der Apotheke oder im Drogeriemarkt.

TIP
Dem Einlaufwasser kann man auch verschiedene Zusätze beimengen:
Auf 1 l Wasser nehmen Sie bei bekannter Schwermetallbelastung 2 EL Chlorella Pulver, bei Darmentzündungen 2 EL Heilerde und bei Übersäuerung 1 EL Bullrichsalz spezial.

Der Speiseplan für alle fünf Fastentage

- Morgens: zwei Tassen Kräutertee (Rosmarin, Melisse, Pfefferminze, Kamille, Malve, Ginseng), nach Belieben mit einem Teelöffel Honig oder dünner Schwarztee mit Zitrone
- Vormittags: Kohlensäure- und natriumarmes Mineralwasser (mindestens zwei Gläser).

Beim Fasten müssen die Nieren gründlich durchgespült werden, damit sie die anfallenden Schlacken und Gifte möglichst rasch aus dem Körper transportieren können.

- Mittags: ein halber Liter Gemüsebrühe (Fastensuppe) oder ein Achtelliter frischer Gemüsesaft mit derselben Menge Mineralwasser gemischt (heiß oder kalt)
- Nachmittags: zwei Tassen Kräuter- oder Früchtetee mit Zitrone und/oder einem halben bis einem Teelöffel Honig
- Abends: ein Achtelliter Obst- oder Gemüsesaft, verdünnt mit einem Achtelliter Mineralwasser (heiß oder kalt), oder Gemüsebrühe

Trinken

Die Trinkmahlzeiten (nach Buchinger) ergeben etwa einen Liter Flüssigkeit. Trinken Sie zusätzlich Mineralwasser, bis Sie die erforderliche Tagestrinkmenge von zweieinhalb bis drei Litern erreicht haben. Trinken Sie beim Fasten immer mehr, als es der Durst verlangt.

Der (am besten frisch gepreßte) Saft aus Karotten enthält eine besonders große Menge an Beta-Karotin, dem sogenannten Provitamin A, und er enthält auch reichlich Vitamin K.

Achtung!

1

Statt diesem ausgewogenen Speisefastenplan nach Buchinger können Sie die fünf Fastentage auch alternativ gestalten als :

- **Trinkmolketage**
- **Reine Saftfastentage**
- **Schleimfastentage.**

Die Tages-Speisepläne finden Sie unter »Der Fastentag zur Gesundheitsvorsorge«.

2

Alle anderen Punkte des 10-Tage-Programms sollten aber weiterhin für Sie gelten, egal welche der verschiedenen Alternativen Sie bevorzugen.

3

Auch Glauber- bzw. Bittersalz und Einläufe verwenden Sie bitte wie hier angegeben.

- Die Obst- und Gemüsesäfte sollten Sie immer 1:1 verdünnen. Sie können sie selbst auspressen (Entsafter) oder fertig im Reformhaus (billiger: in Drogeriemärkten) kaufen. Frisch gepreßte Säfte bitte sofort verbrauchen, sonst verlieren sie an Wert. Wer es mag, kann die Säfte auch aufwärmen (nicht kochen!).
- Wer zu leichten Magenproblemen neigt, gibt in jedes Glas Saft jeweils einen Teelöffel Leinsamen. Das bindet die Säuren und schont den Magen.
- Das Schleimfasten eignet sich hervorragend für Menschen, die bereits wissen, daß sie einen empfindlichen Magen haben, die aber trotzdem fasten wollen.
  Anleitung und Rezepte zum Schleimfasten erhalten Sie ab Seite 57.
- Generell gilt: Der Urin (allerdings ist der Morgenurin immer etwas dunkler, d.h. konzentrierter, da man ja in der Nacht in der Regel keine Getränke mehr zu sich nimmt) sollte stets eine helle Farbe haben. Ist er zu dunkel, dann fehlt dem Körper Flüssigkeit. Das bedeutet dann, daß Sie unbedingt mehr trinken müssen.

Tip

Erfüllen Sie den Großteil Ihres Trinksolls bis etwa 16 Uhr, damit Sie nachts nicht öfter aufstehen müssen.

Magentee
Kamille, Pfefferminze, Melisse (1:1:1) mischen. Davon 1 EL pro Tasse mit kochendem Wasser überbrühen, 10 Minuten ziehen lassen, dann langsam in kleinen Schlucken trinken.

Tees und ihre Wirkung

Tee	Wirkung
Grüner Hafertee	Harnsäuresenkend (bei Gicht)
Rosmarin	Allgemein anregend
Melisse, Baldrian, Orangenblüten	Beruhigend, schlaffördernd
Zinnkraut(= Schachtelhalm)	Harntreibend
Birkenblätter, Brennessel, Löwenzahn	Entschlackend
Fenchel, Kümmel	Gegen Blähungen
Wermut, Enzianwurzel	Regt Kreislauf und Verdauung an
Thymian	Entkrampfend
Spitzwegerich	Schleimlösend
Kamille, Pfefferminze, Melisse	Beruhigend für Magen und Darm
Holunder	Schweißtreibend
Lindenblüte	Steigert die Abwehrkäfte
Eichenrinden	Darmkräftigend, entzündungshemmend
Malve	Schleimlösend, entzündungshemmend
Ginseng	Abwehrsteigernd, stärkend, ausgleichend
Hagebutte	Abwehrsteigernd
Fenchel	Schleimlösend, gegen Blähungen
Brombeere, Heidelbeere	Entzündungshemmend

Rezept für die Fastensuppe

Gemüsebrühe (für 4 Portionen)

- Zutaten: je 100 Gramm Sellerieknolle, Petersilienwurzel, Fenchelknolle, 50 Gramm Kartoffeln, 30 Gramm Lauch, eine kleine Möhre (Sie können die Gemüse beliebig variieren oder andere Gemüse wie Fenchel oder Tomate hinzunehmen; so erhalten Sie jedesmal einen anderen Geschmack), einige Körnchen Vollsalz, Vitam Hefewürze, zwei Lorbeerblätter, vier Wacholderbeeren und vier Pfefferkörner, ein Liter Wasser, frisch gehackte Petersilie
- Zubereitung: Das Gemüse kleinschneiden und mit dem kalten Wasser zustellen. Die Gewürze dazugeben und aufkochen. 20 bis 30 Minuten auf kleiner Flamme köcheln lassen. Durch ein Haarsieb gießen. Die Brühe mit wenig Salz und einem halben Teelöffel Vitam Hefewürze verfeinern. Zum Schluß die Petersilie darüber streuen.

Vorschläge zur Tagesplangestaltung für die fünf reinen Fastentage

- Morgens: Wiegen, (Einlauf dritter und fünfter Tag), Morgengymnastik oder Morgenlauf, Luftbad, Trockenbürstenmassage, Wechselduschen
- Vormittags: Spazierengehen, leichter Sport, Wandern, Sonnenbad (Lichtschutz nicht vergessen!)
- Mittags: eineinhalb bis zwei Stunden Bettruhe; ein feuchter Leberwickel unterstützt die Leber bei ihrer Entgiftungsarbeit; danach langsam aufstehen, um den Kreislauf nicht zu überfordern
- Nachmittags: Spazierengehen, leichter Sport, Wandern, Radfahren
- Abends: erbauende, entspannende Lektüre, eventuell eine »blaue Stunde« bei Kerzenschein; Treffen mit anderen Fastenden zum Erfahrungsaustausch

Ein warmer Leberwickel verhilft den inneren Organen zu wohltuender Entspannung. Dabei wird die Leber gut durchblutet und so die Entgiftungsarbeit intensiviert. Wie er angelegt wird, lesen Sie auf der folgenden Seite.

So machen Sie einen Leberwickel

1
Sie brauchen dazu eine flache Wärmflasche, heißes Wasser und zwei Handtücher.

2
Die einfachste Leberpackung besteht aus einer flachen, mit heißem Wasser gefüllten Wärmflasche, die Sie sich auf den Leib legen. Danach zugedeckt ruhen.

3
Für die (wirkungsvollere) feucht-heiße Leberpackung tauchen Sie ein Frottiertuch in heißes Wasser und wringen es aus, anschließend legen Sie sich das Handtuch auf die Lebergegend. Legen Sie darauf eine heiße Wärmflasche. Darüber kommt ein trockenes Handtuch. Decken Sie sich anschließend gut zu, und ruhen oder schlafen Sie.

4
Die Leber wird auf diese Weise gut durchblutet (um 40 Prozent mehr als sonst), und die Entgiftungsarbeit wird intensiviert.

Was während der Fastentage auftreten kann

Weniger Schlafbedürfnis

Tip
Wenn Sie nicht schlafen können, sollten Sie keinesfalls zu Schlafmitteln greifen. Ein gutes Mittel gegen Schlaflosigkeit: sich kalt abwaschen und unabgetrocknet wieder ins Bett kuscheln.

Es kann, muß aber nicht sein, daß Sie nachts wacher als sonst sind, öfter aufwachen und vielleicht länger nicht wieder einschlafen können. Rufen Sie sich dann den Bibelspruch ins Gedächtnis: »So ihr fastet, werdet ihr wachen. Murret nicht. Nützet die Zeit.«
Statt sich schlaflos im Bett zu wälzen, nützen Sie die Zeit sinnvoll, indem Sie ein Buch lesen, Ihr Fastentagebuch weiterführen, sich die Zeit angenehm mit Musik vertreiben, an etwas Schönes denken, Yoga oder autogenes Training machen, falls Sie es beherrschen.

- Gewöhnen Sie sich daran, auch außerhalb des Fastens, das Zubettgehen als Ritual zu gestalten, während dessen der Organismus darauf vorbereitet wird, ins Land der Träume zu gleiten.

Vielleicht beachten Sie einmal folgendes:

- Schalten Sie den Fernseher nicht zu spät aus.
- Machen Sie noch einen kurzen Abendspaziergang.
- Lüften Sie unterdessen das Schlafzimmer gut. Auch nachts sollte das Fenster offenbleiben.
- Duschen Sie sich noch kurz kühl ab, oder nehmen Sie ein kühles Fuß- bzw. Beinbad.
- Decken Sie sich nicht zu warm zu.
- Wälzen Sie vor dem Einschlafen keine Probleme mehr.
- Denken Sie an etwas Schönes, seien Sie zuversichtlich, und freuen Sie sich auf den Schlaf.

TIP
Gehen Sie während des Fastens nicht ins (ungeheizte) Freibad.

Frieren

Wahrscheinlich wird es Sie während der Fastentage öfter frösteln, denn die Wärmebildung im Körper ist beim Fasten etwas geringer. Der Körper muß jetzt haushalten mit seiner Energie; deshalb ist die Innenheizung auf Sparflamme geschaltet. Ein altes Fastenbuch spricht von der »Frierigkeit der Faster«.

- Ziehen Sie sich einfach wärmer an, wickeln Sie sich abends in eine warme Decke, und legen Sie sich eine Wärmflasche auf Bauch und Füße, das hilft.

TIP
Machen Sie ein temperaturansteigendes Fußbad, und massieren Sie anschließend Ihre Fußsohlen mit einer Lymphsalbe.

Mundgeruch

Der beim Fasten auftretende Mundgeruch wird durch die Ausscheidung von Giftstoffen über die Schleimhäute des Mundes verursacht. Gegen Mundgeruch hilft, wenn Sie mehrmals täglich ausgiebig Mundpflege betreiben mit Zahn-

TIP
Um Mundgeruch vorzubeugen und den Geschmack im Mund zu verbessern, kann man auch frische Kräuter wie Zitronenmelisse, Petersilie, Thymian oder Dill kauen.

bürste, Munddusche, Zahnseide und wenig Mundwasser. Auch ein Teelöffel Heilerde (Luvos ultra), die Sie jeweils eine Stunde vor den Mahlzeiten einnehmen, ist dienlich. Sie vertreiben den Mundgeruch, wenn Sie tagsüber gelegentlich einen Zitronenschnitz aussaugen oder einige Schlucke frisch gepreßten Zitronensaft trinken. Oder Sie lassen ein Pfefferminzbonbon ohne Zucker auf der Zunge zergehen.

Kreislaufschwäche

Eine Schwäche des Kreislaufs wird meist verursacht durch geringen Unterzucker oder zu niedrigen Blutdruck. Dagegen hilft ein Löffel Rübensirup, der aufgelöst in heißem Wasser getrunken wird. Auch eine Tasse dünner schwarzer Tee (nicht nach 14 Uhr wegen möglicher Einschlafschwierigkeiten) mit einem Teelöffel Honig, ein Glas Milch mit Honig oder ein Glas Buttermilch schafft Abhilfe.

Achtung!
Leistungssport sollte während der Fastentage nicht betrieben werden, es sei denn, Sie sind daran gewöhnt. Beim Fasten können sehr gut Dauerleistungen (Wandern, Spazierengehen, leichte Bergtouren, Schwimmen, Radfahren) erbracht werden. Kurze schnelle Belastungen wie Sprints oder rasches Treppensteigen sollte man jedoch vermeiden.

Aktivität und Bewegung

Aktivität während des Fastens ist dringend erforderlich. Denn beim Schwimmen, Tanzen, Skilanglaufen oder Wandern wird viel Sauerstoff ins Blut gepumpt, das treibt den inneren Stoffwechsel an, führt zu einer gründlichen Reinigung des Blutes und der Gewebe, beschleunigt den Fettabbau und weist dem träge gewordenen Menschen den Weg zurück zur natürlichen Beweglichkeit.
Sie werden bald feststellen, daß die Bewegung Sie nicht müde macht, sondern daß Sie dadurch hellwach werden. Als Nebeneffekt werden Aggressionen, die beim Fasten manchmal freiwerden, abgebaut.
Und Bewegung macht satt. Wenn wir Sport treiben, den Garten umgraben oder auch mitten im anstrengenden Hausputz verspüren wir keinen Hunger, lediglich Durst.

Spazierengehen oder Wandern

Das ist auch für unsportliche Menschen die ideale Form der Bewegung. Dabei werden die meisten Muskeln des Körpers beansprucht. Sie atmen tiefer durch, dadurch wird das Herz trainiert, und selbst die kleinsten Gefäße, die sogenannten Kapillargefäße, werden durchblutet. Außerdem wirkt der Aufenthalt in freier Natur, in einer schönen Landschaft, anregend und erhellend auf den Geist.

Gymnastik an der frischen Luft fördert die Durchblutung und erhöht die Ausscheidung von Giftstoffen über die Haut.

Tautreten

- Laufen Sie morgens mit nackten Füßen im Gras.
- Rollen Sie die Füße ganz bewußt ab.
- Spüren Sie das Gras, die Erde unter Ihren Füßen.
- Gehen Sie eine Weile auf den Zehenspitzen, anschließend nur auf den Fersen.
- Schlüpfen Sie danach mit noch feuchten Füßen in Ihre Baumwollsocken. Die Füße werden gleich wohlig warm.

Flottes Wandern in der Natur ist ein äußerst gesundes und vor allem für die Fastenzeit hervorragend geeignetes Vergnügen. Am meisten Spaß macht es in einer größeren Gruppe.

Atemübungen

Tip
Machen Sie die Übungen im Freien oder bei offenem Fenster.

Tip
Die nebenstehenden Atemübungen können auch hervorragend während der Arbeit durchgeführt werden. Machen Sie die Übungen regelmäßig, dann werden Sie bald eine dauerhafte entspannende Wirkung erreichen.

Atmen ist Leben. Leider atmen viele Menschen falsch und bekommen dadurch Beklemmungen, die in der Folge dann zu gesundheitlichen Schäden führen können. Durch gezielte Atemübungen kann man Verkrampfungen abbauen und wieder zu innerer Ausgeglichenheit finden.
Jetzt, während der Fastentage, ist eine gute Gelegenheit, mit Hilfe von Atemübungen krankmachende Atemgewohnheiten zu korrigieren.

Beobachten Sie Ihren Atem

- Setzen Sie sich bequem in den Schneidersitz, die Schultern sind ganz locker.
- Schließen Sie die Augen.
- Atmen Sie ruhig und gleichmäßig, und folgen Sie Ihrem Atem, wie er durch den Körper strömt.
- Spüren Sie den Atem, aber versuchen Sie nicht, ihn zu beeinflussen.
- Spüren Sie, wie sich beim Ein- und Ausatmen Brustkorb und Bauch heben und senken.

Yogaatmung (Pranayama)

- Sie sitzen im Schneidersitz oder auf einem Stuhl, die Schultern sind entspannt, der Rücken ist gerade.
- Halten Sie nun mit dem rechten Daumen das rechte Nasenloch zu, und atmen Sie nur durch das linke Nasenloch ein.
- Beeinflussen Sie die natürliche Atemgeschwindigkeit dabei nicht, sondern überlassen Sie sie ganz dem Körper.
- Dann mit Mittel- und Ringfinger das linke Nasenloch zuhalten und durch das rechte Nasenloch langsam ausatmen.

Sie werden beobachten, daß das Ausatmen auf ganz natürliche Weise mindestens doppelt solange dauert wie das Einatmen. Genießen Sie jeweils einen Moment lang den entspannten Zustand des völligen Loslassens, des völligen Ausgeatmetseins, bevor Sie erneut einatmen.

- Atmen Sie auf diese Weise, solange es Ihnen angenehm ist, aber höchstens dreimal fünf Minuten am Tag.
- Sie können diese Atemübung auch zwischendurch zur Entspannung am Arbeitsplatz machen.

Das Einatmen abwarten

- Legen Sie sich entspannt auf den Rücken. Atmen Sie aus, und zwar solange wie möglich. Zählen Sie in Gedanken mit, es funktioniert von Mal zu Mal länger. Das Einatmen geht dann von selbst, Sie brauchen nichts dazutun.
- Dann erneut tief und lange ausatmen usw.

Körper- und Hautpflege während der Fastentage

Über die Schweißdrüsen der Haut werden beim Fasten etwa ein Drittel aller körperlichen Gift- und Abfallstoffe ausgeschieden. Die Haut dünstet stärker aus als gewöhnlich, und die Folge wird ein etwas unangenehmerer Körpergeruch sein. Aus diesem Grunde ist sorgfältige Haut- und Körperpflege in der Fastenzeit ein grundlegendes Bedürfnis.
Baden und duschen Sie daher täglich, aber das Wasser sollte nicht wärmer als 38° C sein. Da die Haut beim Fasten trockener ist, sollten Sie sich danach immer gut eincremen bzw. einölen. Aber verwenden Sie keine stark duftenden oder parfümierten Präparate, denn die Nase ist beim Fasten sehr empfindlich. Man verlangt nach wohltuenden und natürlichen Essenzen.

Giftstoffe werden auch über die Haut ausgeschieden. Eine Trockenbürstenmassage unterstützt diesen Vorgang.

Die Trockenbürstenmassage

Dazu brauchen Sie

Einen Luffahandschuh (Luffa ist ein harter, natürlicher Schwamm) oder eine Naturhaarbürste.

So geht es

Bürsten Sie in kreisenden Bewegungen immer auf das Herz zu.

Beginnen Sie mit dem rechten Bein (erst die Fußsohle), dann das linke Bein, rechter Arm, linker Arm, Rücken, Bauch, Brust (Brustwarzen aussparen) und Nacken.

Die Trockenbürstenmassage

Achtung!
Bei Krampfadern und ausgeprägten Besenreisern sollten Sie auf das Trockenbürsten verzichten.

Mit einer Trockenbürstenmassage können Sie Ihr Wohlbefinden positiv beeinflussen:

- Abgestorbene Hautschichten und Unreinheiten werden entfernt.
- Das Drüsensystem wird stimuliert.
- Die Blutzirkulation wird angeregt.
- Die Hautnerven werden stimuliert.
- Die Poren werden geöffnet, die Hautatmung verbessert und so die Entgiftung über die Haut begünstigt.
- Kreislauf und vegetatives Nervensystem werden gestärkt.
- Sie sehen erfrischt und jünger aus.
- Die Muskulatur wird gekräftigt.
- In Verbindung mit Wechselduschen werden die Abwehrkräfte gestärkt.

Reinigen Sie Ihre Massagebürste regelmäßig mit Wasser und Seife, und lassen Sie sie an der Luft trocknen.

Wechselduschen

Nach der Trockenbürstenmassage empfiehlt sich ein kalter Unterschenkelguß aus dem Schlauch (nicht länger als eine halbe bis eine Minute) oder Wechselduschen.

- Erst duscht man möglichst warm, bis der Körper gut durchgewärmt ist (zwei bis drei Minuten).
- Dann zehn bis zwanzig Sekunden kalt abbrausen, so kalt es geht.
- Dreimal wiederholen und mit kaltem Guß abschließen.
- Trocknen Sie sich anschließend mit einem rauhen Handtuch ab, und massieren Sie ein gutes Öl (Mandel-, Avocado-, Orangenöl) in die Haut ein.

Die Trockenbürstenmassage und das Wechselduschen empfehlen sich gleich nach dem Aufstehen und vor dem Zubettgehen.

Wechselduschen stimuliert alle Körperfunktionen, insbesondere das Drüsensystem, es verbessert die Blutzirkulation, strafft und belebt die Haut.

Fastenbrechen und Aufbautage

Ebenso wichtig wie das Fasten ist das Fastenbrechen und die Aufbauzeit nach dem Fasten. Der Organismus schaltet jetzt wieder um von der inneren Ernährung auf die Nahrungsaufnahme von außen. Dieser Vorgang dauert etwas länger als

Nach den strengen Fastentagen kommen endlich das heißersehnte Fastenbrechen und die anschließenden Aufbautage. Sie werden sehen, der erste Bissen in ein Stück frisches Obst wird herrlich munden.

»Jeder Narr kann fasten – Fastenbrechen kann nur der Weise« (G. B. Shaw, anglo-irischer Schriftsteller, 1856–1950).

die Umstellung vom Essen zum Fasten. Daher fordert Otto Buchinger jun., daß »die Wiedereinstellung des Organismus auf eine gesunde Ernährungsform liebevoll und in kluger, ansteigender und mäßiger Weise geschehen muß«.
In den kommenden vier Tagen werden Sie stufenweise wieder zum normalen Essen hingeführt und die Darmtätigkeit wird angekurbelt.

Der erste Apfel

Die erste feste Speise, die das Fastenbrechen einleitet, ist ein frischer Apfel. So hat Ihnen ein einfacher Apfel noch nie gemundet. Der Apfel enthält wertvolle Mineralstoffe und fördert durch seinen Pektingehalt die Darmbewegung. Essen Sie den ersten Apfel am Vormittag samt Schale und Kerngehäuse.

Regeln für die Aufbautage

- Während der folgenden Aufbautage dürfen Sie zwar weniger essen als angegeben, aber keinesfalls mehr.
- Hören Sie bitte sofort zu essen auf, sobald eine leichte Sättigung eingetreten ist.
- Auch jetzt sind Alkohol, Nikotin, Bohnenkaffee und Süßigkeiten soweit als möglich noch tabu.
- Essen Sie jeden Bissen langsam und bewußt, kauen Sie gründlich.
- Trinken Sie nach wie vor viel Mineralwasser und ungesüßte Kräutertees.

Die Anregung der Darmtätigkeit

- Essen Sie zu den Mahlzeiten jeweils einen Teelöffel geschroteten oder feinaufgebrochenen Leinsamen (z.B. Linusit). Am besten verrühren Sie den Leinsamen mit drei

Eßlöffeln Dickmilch und einem Teelöffel Sanddornsaft (gesüßt mit etwas Honig).
- Der Leinsamen enthält wertvolle Quell- und Ballaststoffe, die dafür sorgen, daß die Verdauung schon bald wieder funktioniert. Außerdem wird der Organismus mit Eiweißbausteinen, mehrfach ungesättigten Fettsäuren und Mineralstoffen versorgt.
- Verzehren Sie frühmorgens, noch im Bett, Feigen oder Backpflaumen, die Sie über Nacht in etwas kaltem Wasser eingeweicht haben. Trinken Sie auch das Einweichwasser.
- Sie müssen damit rechnen, daß Sie während der Aufbautage bis zu einem Kilogramm zunehmen. Das ist in etwa das Gewicht der Darmfüllung.

Leinsamen regt die natürliche Verdauungstätigkeit an. Zudem versorgt er den ganzen Organismus mit wichtigen Nährstoffen.

Das Fastenbrechen

- Morgens: eingeweichte Feigen oder Backpflaumen
- Frühstück: zwei Tassen Kräutertee oder dünner schwarzer Tee
- Am Vormittag: ein Apfel mit Schale und Kerngehäuse
- Mittags: Kartoffelsuppe mit Kräutern
- Nachmittags: ein Apfel, Früchtetee
- Abends: 50 Gramm Quark oder ein Joghurt mit einem Teelöffel Leinsamen und einem Teelöffel Sanddornsaft (gesüßt mit Honig), eine Scheibe Knäckebrot, Kräutertee (z.B. Melissen- oder Baldriantee)

TIP
Nach dem Fastenbrechen können Sie noch zwei Tage der Milch-Semmel-Kur nach F.X.Mayr einschieben, um Kauvorgänge, Einspeichelung der Speisen und Magensekretion wieder zu fördern. Anschließend fahren Sie mit den Aufbautagen fort.

Rezept für die Kartoffelsuppe (eine Portion)

- Zutaten: je eine kleine Kartoffel, Möhre, Stange Lauch, Sellerieknolle, Petersilienwurzel, einen halben Liter Wasser, einen halben Teelöffel Hefeflocken, etwas gemahlene Muskatnuß und Majoran, einen Teelöffel gekörnte Gemüsebrühe, frisch gehackte Petersilie
- Zubereitung: Die Kartoffeln schälen, das Gemüse waschen und putzen und in Würfel schneiden. Das Wasser

Einkaufszettel für die Aufbautage

DAS HABEN SIE ZU HAUSE
Kräuter- und Früchtetee, schwarzer Tee, Honig, Marmelade, Zwiebeln, Sanddornsaft (gesüßt mit Honig), Leinsamen, Hefeflocken, Gemüsebrühe (gekörnt), Gewürze, Zitronen.

DAS BRAUCHEN SIE
Knäckebrot, Leinsamen- und/oder Waerland bzw. Grahambrot (eventuell aus dem Reformhaus), Butter, Buttermilch, Magerquark, magerer Käse, Dickmilch, Joghurt, verschiedenes Frischobst, Äpfel, Feigen oder Backpflaumen, Nüsse, Salat und Rohkost, Karotten, frische Kräuter, Kartoffeln, Lauch, Sellerie, Petersilienwurzel, ein Ei, magerer Schinken.

zum Kochen bringen. Kartoffeln und Gemüse in das kochende Wasser geben und 20 Minuten köcheln lassen. Die Suppe vom Herd nehmen und mit dem Pürierstab pürieren oder Kartoffeln und Gemüse mit einer Gabel zerdrücken. Muskatnuß, Majoran, Hefeflocken und die gekörnte Gemüsebrühe zugeben. Eventuell noch etwas heißes Wasser zugeben. Vor dem Servieren die Kartoffelsuppe mit frisch gehackter Petersilie bestreuen.

WICHTIG

Gönnen Sie der erneuten Umstellung auf das Essen genauso viel Aufmerksamkeit wie dem Fasten!

Der erste Aufbautag

- Morgens: eingeweichte Backpflaumen oder Feigen
- Frühstück: Bircher-Müsli (mit Apfel und Nüssen, Rezept siehe Seite 69), Schwarztee
- Vormittags: ein Apfel
- Mittags: Salat- oder Rohkostplatte, Kartoffelbrei oder Pellkartoffeln
- Nachmittags: eine Scheibe Knäckebrot mit Honig, Kräutertee
- Abends: eine Scheibe Graham- oder Knäckebrot mit etwas Butter, Kräutertee

Der zweite Aufbautag

- Morgens am Bett: einige eingeweichte Backpflaumen oder Feigen
- Frühstück: Bircher-Müsli, eine Scheibe Graham- oder Leinsamenbrot und eine Scheibe Knäckebrot, eine Tasse Buttermilch, Schwarztee
- Mittags: gemischter Salat, Möhrengemüse, ungeschälter Reis, Quarkspeise
- Nachmittags: Butter, Knäckebrot, Kräutertee
- Abends: Salatplatte, eine Scheibe Graham- oder Leinsamenbrot und eine Scheibe Knäckebrot, wenig Butter, Magerkäse, Kräutertee
- Über den Tag verteilt: drei Äpfel und zwölf Nüsse (z.B. Hasel-, Wal- oder Cashewnüsse)

Der dritte Aufbautag

- Morgens am Bett: einige eingeweichte Feigen oder Backpflaumen
- Frühstück: eine Scheibe Graham- oder Leinsamenbrot und eine Scheibe Knäckebrot, Butter, etwas Marmelade oder Honig, eventuell eine Scheibe mageren Schinken, eine Tasse Buttermilch, Schwarztee
- Mittags: Rohkostplatte mit wenig Zwiebeln, zwei Pellkartoffeln, etwas Butter, ein Spiegelei, Dickmilch
- Nachmittags: eine Scheibe Knäckebrot, Butter, Honig, Kräuteree
- Abends: ein Stück Frischobst, Waerland-, Leinsamen- oder Grahambrot, wenig Butter, Kräuterquark, Tee
- Über den Tag verteilt: drei Äpfel und zwölf Nüsse (z.B. Hasel-, Wal- oder Cashewnüsse)

Nach dem letzten Aufbautag können Sie sich wieder vollwertig ernähren.

Das Maßhalten, der richtige Umgang mit der Nahrung gestaltet sich manchmal schwierig, schwieriger jedenfalls als das Nichtessen. Jede Fastenkur ist aber eine Chance für einen Neuanfang und die Möglichkeit mit gesundheitsschädlichen Ernährungsgewohnheiten zu brechen.

Tip

Während der Mahlzeiten sollten Sie sich immer wieder folgende drei Sätze vorsagen:
»Ich bin satt.«
»Ich bin voll.«
»Ich kann nicht mehr.«
Sie erreichen durch diese Suggestion wesentlich früher ein Sättigungsgefühl.

Vollkornprodukte sollten fester Bestandteil Ihrer Ernährung werden.

Eine Fastenkur stellt einen erheblichen Einschnitt in Ihre Ernährungsgewohnheiten dar. Versuchen Sie nach der Kur, nicht wieder alle alten ungesunden Angewohnheiten anzunehmen, sondern Schritt für Schritt sich an neue sinnvolle Ernährungsregeln zu gewöhnen. Sie werden sehen, wie gut es Ihrer Gesundheit tut.

Die Nachfastenzeit

Einstieg in neue Eß- und Ernährungsgewohnheiten

Fasten ist eigentlich leicht. Diese Erfahrung haben Sie wahrscheinlich während des 10-Tage-Programms gemacht. Fasten ist mit Sicherheit leichter, als richtig und gesund zu essen, gerade bei den vielfältigen und verlockenden Nahrungs- und Genußmitteln, die heutzutage überall angeboten werden. Das klappt vielleicht nicht beim ersten Mal. Aber je öfter man fastet, um so mehr werden die Regeln der gesunden Ernährung zum inneren Bedürfnis.

Doch was ist gesunde Ernährung? Die Meinungen darüber gehen zum Teil weit auseinander, denkt man nur an den Streit zwischen überzeugten Vegetariern und Fleischessern. Doch trotz solcher Meinungsverschiedenheiten lassen sich einige Regeln finden, die mehr oder weniger von allen Parteien gutgeheißen werden.

Einkaufstips

- Bevorzugen Sie Einfaches, Natürliches und Leichtes. Machen Sie sich die Mühe, nach frischem Obst und Gemüse und Fleisch aus anerkannt ökologischem Anbau Ausschau zu halten, weil dort keine Pestizide eingesetzt und auch die Tiere artgerecht gehalten werden.
- Gutes Vollkornbrot ohne Konservierungsstoffe erhalten Sie im Bioladen oder im Reformhaus.
- Bevorzugen Sie Obst und Gemüse der Jahreszeit aus regionalem Anbau. Verzichten Sie auf Sorten aus fernen Ländern, die bereits lange Reisezeiten hinter sich haben.

Die richtige Zubereitung

- Garen und kochen Sie schonend, denn beim Zubereiten gehen viele wertvolle Inhaltsstoffe verloren.
- Verwenden Sie Meersalz oder Vollsalz mit Jodzusätzen. Diese Salze enthalten lebenswichtige Spurenelemente, und sie sind wesentlich unschädlicher als das herkömmliche Kochsalz.
- Salzen Sie aber generell so wenig wie möglich. Würzen Sie statt dessen mit frischen oder getrockneten Kräutern (z.B. Dill, Basilikum, Estragon, Liebstöckel).

Die Getränke

- Trinken Sie auch nach der Kur reichlich, am besten zwei bis drei Liter pro Tag (Mineralwasser, verdünnte ungezuckerte Obstsäfte, Kräutertees).
- Ersetzen Sie Zwischenmahlzeiten durch kalorienarme Getränke.
- Cola- und Limonadengetränke und mit Zucker gesüßte Fruchtnektare streichen Sie am besten ganz von Ihrer Getränkeliste, weil Sie zuviel Kalorien enthalten.
- Auch mit Alkohol, Schwarztee oder Bohnenkaffee sollten Sie nicht Ihren Durst löschen. Ebenso nicht mit Milch, denn Milch ist kein Getränk, sondern ein gehaltvolles Nahrungsmittel.

Die Mahlzeiten

- Essen Sie möglichst vollwertige Kost.
- Verzichten Sie weitgehend auf künstlich behandelte Nahrung: auf Zucker, Weißmehl, Konserviertes, zu stark Gekochtes und auf Fertiggerichte.
- Beginnen Sie jede Mahlzeit mit etwas Frischem als Vorspeise: Obst, Salat oder Rohkost.

Sie werden merken, daß Sie durch eine vollwertige Ernährung zusehend das Bedürfnis nach Süßigkeiten und Genußgiften wie Koffein und Alkohol verlieren.

TIP
Vollkornnudeln und ungeschälter Reis sind für die Gesundheit von besonderem Wert.

WICHTIG
Auch Fruchtjoghurt hat meistens einen recht hohen Zuckeranteil.

- Die Basis der Ernährung bilden pflanzliche Lebensmittel, vor allem Obst, Gemüse, Vollkornprodukte, Kartoffeln und Hülsenfrüchte sowie Milch und Milchprodukte.
- Starten Sie in den Tag mit einem Müsli (z.B. Bircher-Müsli, Rezept Seite 69) oder einem Frischkornbrei.
- Verzehren Sie Fleisch und Wurst, Eier und Fisch nur in Maßen. Verzichten Sie vor allem auf Schweinefleisch, und führen Sie einen eiweißfreien Tag pro Woche ein, um einer Übersäuerung Ihres Körpers vorzubeugen.
- Verwenden Sie zum Braten und Kochen möglichst wenig tierische Fette: Speck, Sahne, Butter, Crème fraîche. Nehmen Sie statt dessen kaltgepreßte pflanzliche Öle und Fette mit mehrfach ungesättigten Fettsäuren (z.B. Distel-, Soja-, Oliven- oder Sonnenblumenöl).
- Verzichten Sie so weit wie möglich auf Süßigkeiten (Torten, Pralinen, Schokolade, Plätzchen), die mit viel Zucker zubereitet werden. Süßen Sie lieber mit etwas Honig oder Süßstoff.

Das richtige Essen

- Essen Sie langsam, und kauen Sie gründlich.
- Essen Sie bewußt, und lassen Sie sich nicht durch Fernsehen, Gespräche etc. ablenken.
- Setzen Sie sich nicht in schlechter Stimmung zum Essen.
- Trennen Sie das Essen vom Trinken.
- Essen Sie wenig. Hören Sie auf zu essen, sobald eine leichte Sättigung erzielt ist. Lassen Sie die Reste auf dem Teller liegen.
- Essen Sie nicht zu spät am Abend, möglichst nicht nach 18 Uhr. Denken Sie an die alte Regel: »Morgens wie ein Kaiser, abends wie ein Bettelmann.«
- Machen Sie jede Mahlzeit zu einem festlichen Ereignis.
- Legen Sie zwischendurch immer wieder mal einen Entlastungstag ein.

Über die Autoren

Margot Hellmiß ist Journalistin mit den Schwerpunkten Naturheilmethoden, alternative Therapien und gesunde Ernährung.
Dr. Norbert Kriegisch ist Arzt für Naturheilverfahren. Er legt großen Wert auf eine ganzheitliche Betrachtungsweise des Menschen und seiner Gesundheit.

Literatur

Bachmeier, Bernd: Fasten und Yoga. Aurum Verlag. Braunschweig 1992
Buchinger, Otto: Das Heilfasten. Hippokrates Verlag. Stuttgart 1970
Buchinger, Otto jun.: Heilfastenkur. Bruno Wilkens Verlag. Bad Bevensen
Fahrner, Heinz: Fasten als Therapie. Hippokrates-Verlag. Stuttgart 1991
Grethlein, Thomas: Heilfasten – Einklang von Körper und Seele. Pattloch Verlag. Augsburg 1995
Hellmiß, Margot: Heilfasten nach F.X. Mayr. Südwest Verlag. 6. Auflage, München 1997
Leibold, Gerhard: Säfte und Saftkuren. Econ Taschenbuch Verlag. Düsseldorf 1990
Mehler, A./Keppler, H.: Fastenkuren. Falken-Verlag. Niedernhausen/Ts. 1986

Hinweis

Das vorliegende Buch ist sorgfältig erarbeitet worden. Dennoch erfolgen alle Angaben ohne Gewähr. Weder Autoren noch Verlag können für eventuelle Nachteile oder Schäden, die aus den im Buch gemachten praktischen Hinweisen resultieren, eine Haftung übernehmen.

Bildnachweis

Alfred Pasieka, Hilden: 23; Archiv Gerstenberg, Wietze: 11; IFA, München: 1, 87 (AGE), 20 (Förster), 37 (N.N.), 40 (Tschanz), 47 (F. Pott), 48 (Digul), 50 (Lescourret); Image Bank, München: 5 (David de Lossy), 19 (Joseph van Os), 59 (Kaz Mori), 67 (Walter Bibikow), 76 (Francisco Ontanon), 83 (Dann Coffey), 92 (Michael Skott); Tony Stone, München: U1 (Titelbild) (Peter Correz); Transglobe, Hamburg: U4, 14 (N.N.), 6 (Jo Clasen)

Impressum

4. Auflage 1999

Lektorat:
Christiane Spatz
Redaktionsleitung und medizinische Fachberatung:
Dr. med. Christiane Lentz
Bildredaktion:
Bettina Huber
Produktion:
Manfred Metzger
Umschlag:
Heinz Kraxenberger, München;
Till Eiden
DTP/Satz:
Reiner Löb
Druck:
Color-Offset, München
Bindung:
R. Oldenbourg, München

Printed in Germany

Gedruckt auf chlor- und säurearmem Papier

ISBN 3-517-01780-9

Register